Schütze

Schütze

23. November–21. Dezember

Autoren: Alfred P. Zeller und Vera Baschlakow
Gesamtherstellung: Naumann & Göbel Verlagsgesellschaft mbH, Köln

ISBN 978-3-625-11718-6

Inhalt

Tierkreiszeichen auf einer persischen Schale
Entstanden um 1563

Vorwort

In diesem Buch werden Sie auf astrologischer Grundlage viel über sich erfahren. Manches davon haben Sie vielleicht schon gewusst oder zumindest geahnt. Sehr viel mehr jedoch wird für Sie völlig neu sein, wird Ihnen überraschende Erkenntnisse über Fähigkeiten und Kräfte vermitteln, die in Ihnen schlummern. Dadurch können sich Ihnen bislang ungeahnte Möglichkeiten für eine befriedigendere und erfolgreichere Gestaltung Ihres Lebens eröffnen. Aber auch über Ihre Schwächen und Mängel erhalten Sie hier Auskunft, und das ist für Sie fast ebenso wichtig: Nur wenn Sie Ihre Fehler erkennen, können Sie dagegen ankämpfen und dadurch erreichen, dass Ihnen weniger misslingt und das Zusammenleben mit den Mitmenschen reibungsloser und erfreulicher wird.

Astrologie ist weder eine verstaubte Geheimwissenschaft noch eine fragwürdige Zukunftsdeutelei, und erst recht ist sie kein bequemer Vorwand, sich mit dem Hinweis auf einen angeblichen »Schicksalszwang« der Gestirne persönlicher Verantwortung zu entziehen. Vielmehr ist sie die älteste, auf jahrtausendelanger Beobachtung und Bezugsetzung kosmischen und irdischen Geschehens gründende Erfahrungswissenschaft der Menschheit, mit der sich zu allen Zeiten die fortschrittlichsten Geister ihrer Zeit befasst haben. Um die Zeitenwende der Universalgelehrte Ptolemäus ebenso wie an der Schwelle zur Neuzeit der große Arzt Paracelsus, der Humanist Melanchthon und die Begründer der modernen Astronomie und Naturwissenschaft: Kopernikus, Galilei und Kepler. Auch in Goethes Werken ist viel astrologisches Gedankengut lebendig. Astrologie geht von der Erkenntnis aus, dass der Mensch kein isoliertes, abgekapseltes Lebewesen ist, sondern eingebettet ist in ein soziales, geografisches und kosmisches Umfeld, in ein Geflecht von subtilen Beziehungen, die ihn vielfach prägen und beeinflussen. Kosmische »Uhren« steuern alle Lebensvorgänge auf der Erde, kosmisches Geschehen bewirkt den Wechsel von Tag und Nacht, den Ablauf der Jahreszeiten, die Folge von Ebbe und Flut. Alle grundlegenden Lebensvorgänge sind in der Natur im Ganzen oder im Einzelnen kosmisch geprägt und geregelt. Dass dabei auch Strahlungen, die aus dem Weltall zu uns gelangen, eine bedeutsame Rolle spielen, hat man erst in jüngster Zeit entdeckt oder besser gesagt wieder entdeckt, denn unsere Vorfahren haben das schon vor Jahrtausenden intuitiv geahnt.

Kosmisch geprägt wird allerdings nicht eine leere Form, sondern ein individuelles Lebewesen, das von seinen Eltern genetisch verankerte Erbanlagen mitbekommen hat. Wie die genetischen und kosmischen Anlagen verwirklicht werden können, hängt wesentlich vom Umfeld ab, in dem sich das Leben entfaltet. Deshalb reicht ein Horoskop allein nicht aus, um einen Menschen in seiner ganzen Vielfalt zu erfassen und seinen Lebensweg zu erklären.

Seriöse Astrologie bezieht in die Horoskopdeutung stets auch den Horoskopeigner selbst und sein soziales Umfeld mit ein. Astrologie zeichnet keine Zwangsläufigkeiten vor, sie will und kann keine persönlichen Entscheidungen abnehmen oder aufdrängen, sondern vielmehr dem Menschen durch das Aufzeigen seiner Möglichkeiten und Grenzen helfen, die richtigen Entscheidungen zu treffen, will ihm so eine praktische Lebenshilfe sein.

Dieses Buch ermöglicht es Ihnen, zu entdecken, welche Wesenszüge und Fähigkeiten die kosmische Prägung Ihnen gegeben hat, weist Sie auf Ihre Stärken und Entwicklungsmöglichkeiten, aber auch auf Ihre Schwächen und Gefährdungen hin. Das im ersten Teil gezeichnete Bild beruht auf den beiden wichtigsten Gegebenheiten des Geburtshoroskops, dem Sonnenzeichen und dem Aszendenten, und wird vertieft durch die Aussagen der chinesischen und indianischen Astrologie sowie des keltischen Baum-Horoskops.

Ihr Sonnenzeichen ist das Sternbild, in dem am Tag Ihrer Geburt die Sonne stand; es ist der wichtigste kosmische Prägefaktor. Um eine genauere Differenzierung zu erreichen, teilt man von alters her jedes Tierkreiszeichen in drei Dekaden ein: In der ersten Dekade ist noch ein sich abschwächender Einfluss des vorangehenden Sonnenzeichens wirksam, in der dritten Dekade ein zunehmender Einfluss des folgenden Sonnenzeichens, während sich in der zweiten Dekade die benachbarten Sonnenzeichen nicht auswirken. Dementsprechend ist der Abschnitt »Wer bin ich?« (ab Seite 15) in drei Dekaden gegliedert, sodass Sie je nach Geburtstag die für Sie zutreffende Aussage finden können.

Bedeutsam ist auch ein zweiter kosmischer Prägefaktor, der Aszendent. Darunter versteht man das Tierkreiszeichen, das im Augenblick Ihrer Geburt am östlichen Horizont stand. Der Aszendent verstärkt, schwächt oder variiert die Prägung durch das Sonnenzeichen, weshalb wir ab Seite 80 näher darauf eingehen. Wie Sie Ihren Aszendenten finden, können Sie ab Seite 120 nachlesen.

Während das indianische Horoskop mit seiner Zwölfteilung unserem abendländischen Horoskop entspricht, weichen das chinesische und das keltische Horoskop davon ab. Deshalb finden Sie in den entsprechenden Abschnitten je nach Ihrem Geburtsdatum differenzierte Aussagen, durch welche Ihre individuellen Gegebenheiten genauer eingegrenzt werden.

Verlag und Autor

Messahalah, Der Astronom, 1504

Meine kosmische Prägung

Mein Tierkreiszeichen und Planet

Ihr Tierkreiszeichen ist Schütze, Ihr Planet Jupiter.

Schütze ist ein veränderliches Feuerzeichen mit Plus-Polarität. Veränderlich nennt man Zeichen mit schwacher Intensität und in die Breite strebender Kraft. Im Zeichen Schütze senkt sich die Sonnenbahn zum tiefsten Punkt über dem Horizont ab, und so symbolisiert dieses Zeichen starke Verinnerlichung, die Zentrierung des Lebens in der Persönlichkeit, innere Freiheit, starken Willen, aber auch Gefahr der Unbesonnenheit und des Ausgenütztwerdens. Als ein dem Element Feuer zugeordnetes Zeichen steht es für aktives Tun (Leitwort »Angriff«), Entschlossenheit, Ehrgeiz und Selbstbewusstsein. Die dadurch bestimmten Haupteigenschaften sind Mut, Unternehmungsgeist, Eigenwille, Tatkraft und Fleiß, aber auch Unbedachtsamkeit, Voreiligkeit und wenig Bereitschaft zur Anpassung. Die Polarität gibt die Wirkrichtung eines Zeichens an. Positive Zeichen wirken von innen nach außen, negative Zeichen von außen nach innen. Schütze ist ein Zeichen mit Plus-Polarität, also ein »aktives« Zeichen, das Extravertiertheit und Wirkenwollen auf die Umwelt symbolisiert.

Die astrologischen Grundqualitäten des Herbstzeichens Schütze lassen sich unter dem Kennwort »extravertierte Weltergreifung« zusammenfassen. Im Einzelnen symbolisiert das Zeichen Verstandesorientiertheit, entschlossenen Willen, innere Kraft und Freiheit, waches Interesse und Vielseitigkeit, doch kann dies auch zu allzu großer Nüchternheit, Eigensinn, schwankender Zielsetzung und Zersplitterung werden. Besonders stark ist die Prägekraft des Zeichens, wenn in ihm nicht nur zum Zeitpunkt der Geburt die Sonne gestanden hat, sondern auch der Aszendent in ihm liegt.

Der Jupiter auf einem Wagen, dessen Räder die Domizile Fische und Schütze sind. Holzschnitt von Hans Sebald Beham 1530/40

Jedem Tierkreiszeichen ist der Planet zugeordnet, dessen Prinzip ihm am vollkommensten entspricht; den jeweiligen Planeten bezeichnet man als »Planetenherrscher«. Im Zeichen Schütze »herrscht« Jupiter, dessen energetisches Prinzip die Entfaltungskraft ist. Er symbolisiert Fülle, Erkenntnis, Weisheit, Förderung, Harmonie, im Negativen freilich auch Auflehnung, Großspurigkeit, Hochmut, Verschwendung und Genusssucht.

Wenn in Ihrem persönlichen Horoskop der Jupiter in Ihrem Sonnenzeichen Schütze steht, verstärkt er entsprechend den nachfolgend genannten Jupiter-Eigenschaften gleichgerichtete Prägekräfte Ihres Tierkreiszeichens und bestimmt wesentlich die »Grundqualität« Ihres Horoskops.

Positive Jupiter-Eigenschaften sind: Drang zu Erkenntnis und zu geistiger Erweiterung, Streben nach Harmonie und innerer und äußerer Freiheit, Durchsetzungsvermögen ohne Egoismus, Selbstwertgefühl, Großherzigkeit, Optimismus, Gewissenhaftigkeit, Ehrlichkeit, Verständnisbereitschaft, Nachsicht, ausgeprägtes Gerechtigkeitsempfinden, umsichtige Beharrlichkeit, Sparsamkeit und Beherrschung, distanzwahrende Abgrenzung von der Umwelt, ohne sich dieser zu verschließen oder zu versagen.

Negative Jupiter-Eigenschaften sind: Übertriebener Freiheitsdrang, verbunden mit Selbstüberschätzung und Überheblichkeit, Auflehnung gegen jede Einordnung, mangelnde Sozialbindung, übergroße Nachgiebigkeit mit Tendenz zu Heuchelei und Unaufrichtigkeit, rücksichtslose Zielstrebigkeit, mangelnde Flexibilität, starrer Dogmatismus mit rechthaberischer Eigenbrötelei, Erstarrung in der Individualität und Vereinsamung durch Abkapselung.

Seit alters gibt es für die Tierkreiszeichen und Planeten symbolische Bezugsetzungen, die freilich für die heutige Individualhoroskopie keine große Bedeutung mehr haben. Immerhin interessieren sich noch viele Menschen dafür. Hier also Ihre Symbolbezüge:

- Ihr Element ist das Feuer.
- Ihre Farben sind Blau, Purpur und warmes Braun. Ihr Temperament ist das cholerische. Ihr Metall ist das Zinn.
- Ihre Edelsteine sind dunkelblauer Saphir, Türkis, Amethyst, Lapislazuli und Granat. Ihr Wochentag ist der Donnerstag.
- Ihre Tiere sind Elefant, Pferd (besonders das Sportpferd), Pfau, Eule, Hirsch, Rind.
- Ihre Pflanzen sind die Esche, der Feigenbaum, Spargel, Rhabarber, Pfirsich, Jasmin und Nelke.
- Ihre Zahl ist die Drei.

Wer bin ich?

Aus dem Sonnenstand am Tag Ihrer Geburt lassen sich grundsätzliche Aussagen ableiten, die freilich auf Ihren Aszendenten (siehe Seite 80 und dritter Teil dieses Buches) abgestimmt werden sollten. Über die Einteilung jedes Tierkreiszeichens in drei Dekaden informiert Sie das Vorwort auf Seite 7. Je nachdem, ob Sie in der ersten, zweiten oder dritten Dekade geboren sind, wirken sich verschiedene »typische« Prägekräfte Ihres Sonnenzeichens in unterschiedlicher Weise auf Sie aus.

Sterndeuter

Aus einem Planetenbuch von 1596

1. Dekade vom 23.11. bis zum 02.12.

Ihr Wesen: extravertiert, verstandsorientiert, dynamisch, beweglich, aufgeschlossen

Ihr Auftreten: freundlich, offen, selbstbewusst, wortgewandt, kontaktfreudig, manchmal unbesonnen und großsprecherisch

Ihr Wünschen: vielseitig, tatenfreudig, zielstrebig, freiheitsliebend, optimistisch, manchmal zersplittert, nicht allzu konstant

Ihr Denken: wendig, vielseitig, idealistisch, manchmal wenig gründlich, überheblich

Ihr Handeln: aktiv, schwungvoll, hilfsbereit, großzügig, risikofreudig, eigenwillig, manchmal vorschnell, rastlos, unberechenbar

Ihr Ausdruck: offen, gewandt, überzeugend, bestimmt, manchmal unbedacht, verletzend direkt

Ihr Fühlen: vital, warmherzig, tolerant, leidenschaftlich, manchmal oberflächlich, eifersüchtig

Sie sind ein extravertierter, also nach außen gewandter Mensch, der sich in erster Linie von seinem wachen, regen Geist leiten lässt. Dynamisch und aufgeschlossen treten Sie der Umwelt und den Mitmenschen gegenüber, sind sehr aktiv und brauchen stets Pläne und Aufgaben, die Sie beschäftigen. Tatenloses Abwarten und zielloses Dahinleben liegt Ihnen ganz und gar nicht. Mehr vorsichtige Verhaltenheit und in sich ruhende Stabilität zeigen Sie nur, wenn Sie ganz am Anfang der ersten Schütze-Dekade geboren sind, sodass noch ein Einfluss des Nachbarzeichens Skorpion wirksam ist, der Ihren nach außen gerichteten Drang hemmt.

Kennzeichnend für Sie ist das Streben nach fortwährender Horizonterweiterung. Das ist sowohl wörtlich als auch im übertragenen Sinn zu verstehen: Sie reisen gern, denn Sie interessieren sich sehr für das Fremde und Andersartige, wollen Neues kennenlernen und in sich aufnehmen. Aus dem gleichen Grund sind Sie außerordentlich kontaktfreudig, knüpfen mit Ihrer interessanten Beredsamkeit mühelos Verbindungen zu anderen Menschen und haben in der Regel einen großen Bekanntenkreis. Ein Leben ohne zahlreiche lebendige zwischenmenschliche Verbindungen ist für Sie nur schwer vorstellbar. Dennoch kommt es nur selten vor, dass Sie sich in der eigenen Gesellschaft langweilen, mit sich allein nichts anzufangen wissen, denn der Drang nach Horizonterweiterung offenbart sich auch auf intellektueller Ebene: Sie sind sehr wissbegierig, sind darauf aus, Ihren Wissensschatz zu erweitern, lesen gern und bilden sich oft auf eigene Faust oder in Fortführungskursen weiter. Häufig gilt Ihr Interesse dabei fremden Ländern und Kulturen, doch insgesamt sind Sie ungemein vielseitig und denken nicht daran, sich durch eine Spezialisierung einzuengen. Sehr häufig sind Sie für die Geheimnisse und Schönheiten der Natur aufgeschlossen, wobei Ihnen meist die Pflanzenwelt innerlich näher steht als die Tierwelt. Diese große Bandbreite der Interessen kommt Ihnen nicht nur beruflich zugute, sondern macht Sie auch zum anregenden Gesprächspartner.

Sie sind zwar verstandesorientiert, aber keineswegs gefühlsarm. Das Zeichen Schütze ist ein Doppelzeichen, und deshalb halten sich bei Ihnen Verstand und Gefühl in der Regel die Waage. Nach außen wirken sie meist ausgeglichen und selbstsicher, scheinen sich gut in der Hand zu haben. Doch ganz so abgeklärt, wie es den Anschein hat, sind Sie in Wirklichkeit keineswegs immer, denn Ihr Selbstwertgefühl ist nicht unbedingt stabil. Deshalb kann es geschehen, dass Sie ohne erkennbaren Anlass ungeduldig und gereizt reagieren, von heftigen Erregungen befallen werden, die die Mitmenschen überraschen. Andererseits kommt es auch vor, dass Sie sich unvermittelt verschließen, sich gegenüber der Umwelt abkapseln, besonders wenn Sie ganz zu Anfang der ersten Schütze-Dekade geboren sind und noch unter Skorpion-Einfluss stehen. Dieser Hang zu Extremen wird hauptsächlich in jungen Jahren offenbar; der reifere Schütze-Geborene ist in der Regel ausgewogener.

Ihren Mitmenschen begegnen Sie mit freundlicher Offenheit. Unehrlichkeit und Hinterhältigkeit sind Ihnen fremd. Sie gehen davon aus, dass auch andere Ihnen gegenüber die gleiche Einstellung haben und sind bereit, allen Menschen zunächst einmal einen Vertrauensvorschuss zu gewähren. Das weiß freilich nicht jeder zu würdigen, und so kommt es immer wieder vor, dass Sie Enttäuschungen erleben, weil Mitmenschen Ihre Gutwilligkeit ausnützen und Sie übervorteilen oder gar schamlos ausnützen. Obwohl Sie grundsätzlich ein friedfertiger Mensch sind, lassen Sie sich offenkundige und allzu unverfrorene Benachteiligungen meist nicht widerstandslos gefallen, wenngleich Sie nie auf den Gedanken kämen, mit ähnlich unfairen Mitteln zurückzuschlagen. Gerechtigkeit und Anständigkeit gelten Ihnen viel. Wenn nur Sie selbst betroffen sind, sind Sie zwar bereit, einiges zu schlucken, aber wenn Menschen, an denen Ihnen viel liegt, Unrecht geschieht, gehen Sie entschlossen »auf die Barrikaden«, auch wenn Sie ansonsten meist keine Kämpfernatur sind.

Sie reden gern, und vor allem reden Sie offen, halten wenig von höflichen Floskeln und freundlichen Lügen. Sonderlich diplomatisch sind Sie meist nicht. Auch wenn Sie sich wohl kaum je die Mühe machen werden, Ihre Worte auf die Goldwaage zu legen, sollten Sie sich in dieser Hinsicht ein wenig mehr Rücksichtnahme anerziehen, denn schließlich reagieren ja auch Sie selbst verstimmt, wenn Sie sich durch Äußerungen anderer verletzt fühlen. Mehr Besonnenheit zeigen Sie nur, wenn Sie am Anfang der Dekade geboren sind; der Skorpion-Einfluss kann dann Ihre Kontaktfreudigkeit, aber auch Ihre rückhaltlose Offenheit mildern.

Sie sind recht selbstbewusst und streben nach Beachtung und Anerkennung; die Rolle eines bescheiden seine Pflichten erfüllenden Mauerblümchens liegt Ihnen wenig. Es fällt Ihnen schwer, sich unterzuordnen; Bevormundung und Gängelung ertragen Sie nicht. Nicht selten fühlen Sie sich sogar als geborene Führernatur, und in der Tat können Sie andere dank Ihrer Beredsamkeit überzeugen und mitreißen, und mit Ihrem Schwung und Einfallsreichtum können Sie manches in Bewegung bringen. In der Praxis allerdings werden häufig Mängel offenbar, die in einer führenden, verantwortungsvollen Position Ihnen und den

Mitmenschen keineswegs zum Besten gereichen: Sie neigen wegen der Vielfalt Ihrer Interessen zu einer Zersplitterung von Kräften und Zielsetzungen, können plötzlich die Richtung ändern, wenn Ihnen etwas nicht mehr passt, zur langweiligen Routine geworden ist und Sie nicht mehr fordert. Zähes Durchhaltevermögen ist nicht Ihre Sache; mehr Ausdauer zeigen nur die am Anfang der ersten Schütze-Dekade Geborenen. Besonders schnell geben Sie auf, wenn Sie sich durch etwas oder durch jemanden übermäßig eingeengt und eingebunden fühlen, denn an einem möglichst großen Maß an Freiheit und Selbstständigkeit liegt Ihnen viel.

Das gilt nicht nur für Aufgaben und Pflichten im Berufs- und Alltagsleben, sondern ebenso für Ihre zwischenmenschlichen Beziehungen. In Ihrer Kontaktoffenheit sind Sie rasch dabei, eine Bindung anzuknüpfen, doch von längerem Bestand ist sie nur, wenn Sie sich dadurch nicht eingeschränkt fühlen und Ihnen die Möglichkeit erhalten bleibt, vielfältige anderweitige Kontakte zu unterhalten. Eine eifersüchtige Beschneidung dieser Offenheit ertragen Sie nicht, obwohl Sie Ihrerseits recht eifersüchtig sein können und in einer engen Bindung dem Partner nicht immer den inneren und äußeren Freiraum gewähren, den er seinerseits für seine Entfaltung braucht. Als unbedingt zuverlässig und stabil kann man Sie kaum bezeichnen, doch sind Sie keineswegs grundsätzlich untreu. Wer die Verbindung so abwechslungsreich und anregend zu gestalten vermag, wie es Ihrem Bedürfnis entspricht, findet in Ihnen einen hilfsbereiten, gefühlswarmen, anpassungswilligen und stets interessanten Partner.

Körperlich sind Sie meist ziemlich widerstandsfähig und können sich rasch regenerieren. Lassen Sie sich aber dadurch nicht zu einem Raubbau an Ihren Kräften verleiten, wichtig ist für Ihre Gesundheit viel Bewegung in frischer Luft, aber in dieser Hinsicht wird man Ihnen selten Vorschriften machen müssen, denn fast immer sind Sie sportlich und bewegungsfreudig. Da Sie aber auch abenteuerlustig und risikobereit sind, besteht bei Ihnen eine erhöhte Unfallgefahr, die Sie beachten sollten. Manchmal verleitet Sie Ihre Risikobereitschaft auch zu unüberlegten Wagnissen, die Ihnen materiellen Schaden einbringen, nicht zuletzt deshalb, weil Ihre optimistische Unvorsichtigkeit andere dazu herausfordert, Sie zu hintergehen und zu benachteiligen. Achten Sie darauf, dass Ihr Bewegungsdrang nicht in eine fahrige Rastlosigkeit ausartet, die Sie auch innerlich erfasst und nervös und ruhelos werden lässt.

Sie haben zweifellos eine ganze Reihe von positiven Eigenschaften, die Ihnen das Leben erleichtern und Sie bei den meisten Ihrer Mitmenschen beliebt machen. Dennoch sollten Sie nicht übersehen, dass Ihnen auch etliche Schwächen und Mängel mitgegeben wurden, gegen die Sie ankämpfen sollten. Zu nennen sind hier mangelnde Stabilität und Ausdauer, Konzentrationsschwäche, eine Neigung zur Zersplitterung von Interessen und Aktivitäten und ein manchmal übertriebener Freiheitsdrang. Nehmen Sie sich die Zeit für eine ehrliche Selbstanalyse. Wenn Sie wissen, wo es bei Ihnen hapert, sind Sie durchaus imstande, drohenden Fehlentwicklungen gegenzusteuern, denn Sie verfügen über einen wachen Verstand und ein nicht unbeträchtliches Energiepotenzial. Setzen sie beides ein, umso an sich zu arbeiten, dass Ihr Leben befriedigender und erfüllter wird und Sie mit größerer Sicherheit die Ziele erreichen, die Sie sich gesteckt haben.

2. Dekade vom 03.12. bis zum 12.12.

Ihr Wesen: extravertiert, verstandsorientiert, dynamisch, selbstständig, aufgeschlossen

Ihr Auftreten: selbstbewusst, offen, hilfsbereit, freundlich, kontaktfreudig, wortgewandt, manchmal selbstgefällig und unbedacht

Ihr Wünschen: aktiv, zielstrebig, optimistisch, selbstsicher, vielseitig, eigenwillig, manchmal wenig ausdauernd, impulsiv, zersplittert

Ihr Denken: wendig, eigenständig, vielseitig, wahrheitsliebend, manchmal vorschnell, wenig gründlich

Ihr Handeln: schwungvoll, rasch zupackend, hilfsbereit, risikofreudig, großzügig, manchmal vorschnell, sprunghaft, wenig konstant

Ihr Ausdruck: gewandt, offen, wenig diplomatisch, überzeugend, manchmal unbedacht, verletzend direkt;

Ihr Fühlen: natürlich, vital, verstandesgeleitet, manchmal leidenschaftlich, genussfreudig, wenig tief

Das Tierkreiszeichen Schütze ist ein Doppelzeichen. Verstand und Gefühl halten sich bei Ihnen weitgehend die Waage: Sie sind zwar verstandesorientiert, haben jedoch eine reiche Gefühlswelt, sind zwar extravertiert, also nach außen gewandt, aber auch stark in sich selbst zentriert. Deshalb wirken Sie nach außen in der Regel selbstsicher und ausgeglichen, scheinen sich gut in der Hand zu haben und genau zu wissen, was Sie wollen. Manchmal ist Ihr Selbstwertgefühl keineswegs so stabil, wie man glauben möchte, sind Sie nicht so abgeklärt, wie Sie sich geben. Dann kann es immer wieder geschehen, dass Sie sich durch scheinbar nichtige Anlässe verunsichern und aus der Fassung bringen lassen, ohne erkennbaren Anlass gereizt und erregt reagieren. Manchmal verfallen Sie auch ins andere Extrem und sind »eingeschnappt«, verschließen sich, kapseln sich gegenüber der Umwelt ab. Das geschieht freilich bei Ihnen verhältnismäßig selten, denn grundsätzlich sind Sie an der Unterhaltung offener Kontakte stark interessiert, weil Sie vielfältige Anstöße aus der Umwelt brauchen und Ihrerseits darauf aus sind, Ihre Gedankenfülle anderen mitzuteilen. Im Grunde Ihres Wesens sind Sie ein ausgesprochen geselliger Mensch, der in strenger Abgeschiedenheit verkümmern würde.

Den Mitmenschen gegenüber sind Sie aufgeschlossen, freundlich und hilfsbereit. Sie begegnen jedermann offen und direkt und nehmen bei Ihren Äußerungen selten ein Blatt vor den Mund. Auf den Gedanken, dass Ihre Unverblümtheit andere verletzen könnte, kommen Sie nicht, denn Sie halten wenig von banalen Floskeln und schon gar nichts von freundlichen Lügen. Sonderlich diplomatisch sind Sie auch nicht, wenn Sie befürchten müssen, durch Ihre Offenheit Schaden zu erleiden. In dieser Hinsicht sind Ihnen mehr Bedacht und Zurückhaltung anzuraten, denn nicht jeder weiß Ihre Ehrlichkeit zu schätzen, und manche seelischen Wunden ließen sich vermeiden, wenn Sie Ihre Worte besser abwägen würden. Rücksichtnahme muss nicht Lüge sein; mit Ihrer geistigen Wendigkeit müsste Ihnen eine Wortwahl gelingen, mit der Sie ehrlich bleiben, ohne andere unnötigerweise zu verletzen oder zu kränken. Besser gelingt es Ihnen, wenn Sie sich in Ihr Gegenüber hineinzudenken versuchen.

Offen und geradlinig sind Sie nicht nur in Ihren Äußerungen, sondern auch in Ihrer Einstellung zu ihren Mitmenschen. Sie selbst lehnen Unehrlichkeit und Hinterhältigkeit ab und erwarten von anderen dasselbe. Sie sind bereit, jedem zunächst einmal einen Vertrauensvorschuss zu gewähren, auf sein Wort zu bauen und redliche Absichten vorauszusetzen. Da Sie wegen Ihres Mangels an Einfühlungsvermögen kein allzu guter Menschenkenner sind, erleben Sie freilich immer wieder Enttäuschungen, werden übervorteilt und manchmal sogar schamlos ausgenutzt und betrogen. Vielleicht werden Sie durch solche Erfahrungen im Laufe der Zeit etwas vorsichtiger, aber ganz ändern werden Sie sich vermutlich nicht, denn im Grunde Ihres Herzens sind Sie ein unverbesserlicher Optimist und stecken lieber einmal etwas ein, als es auf kräftezehrende Auseinandersetzungen ankommen zu lassen.

Wenig kompromissbereit sind Sie allerdings, wenn Ihr ausgeprägtes Gerechtigkeitsgefühl verletzt wird, und zwar vor allem dann, wenn jemandem Unrecht geschieht, an dem Ihnen viel liegt. Während Sie unter

Umständen gewisse Abstriche machen, solange nur Sie selbst betroffen sind, gehen Sie entschlossen auf die Barrikaden, wenn vermeintlich Schwächere unter Ungerechtigkeiten zu leiden haben.

Als nach außen gewandter Mensch streben Sie nach einer steten Erweiterung Ihrer äußeren und inneren Horizonte. Sie sind aufgeschlossen für die Umwelt und die Mitmenschen und außergewöhnlich kontaktfreudig. Wenn es die Umstände erlauben, reisen Sie gerne, um fremde Länder und Kulturen kennenzulernen, wobei Sie die Welt nicht nur durch den Sucher einer Kamera sehen, sondern sich intensiv für das Andersartige interessieren und ihm möglichst nahe kommen wollen. Auch geistig sind Sie auf eine Horizonterweiterung bedacht, suchen sich durch Lektüre, Filme oder Kurse weiterzubilden und einen möglichst umfassenden Wissensschatz zu erwerben. Ebenso breit gestreut können Ihre Hobbys sein, bei denen Ihnen eine häufig gegebene manuelle Geschicklichkeit zugute kommt. Überraschend angesichts Ihres ausgeprägten Betätigungsdrangs ist die Tatsache, dass Sie manchmal leidenschaftlicher Sammler sind, der sich stundenlang den Objekten seines Sammeleifers widmen kann. Zur Horizonterweiterung gehört nicht zuletzt Ihr Bemühen um möglichst zahlreiche und vielfältige zwischenmenschliche Kontakte. In erster Linie sind Sie am anregenden Gedankenaustausch interessiert; Gefühle spielen nur eine sehr untergeordnete Rolle.

Ob Reisen, Wissenserwerb, Sammeln oder Beziehungen zu anderen Menschen: Stets geht Ihnen Breite vor Tiefe, lehnen Sie eine Spezialisierung und starre

Festlegung ab. Sie wollen beweglich, wollen nach allen Seiten hin offen bleiben können, denn schließlich gibt es noch vieles andere, das Ihr Interesse wecken, Ihre Neugier reizen kann. Ihr sich als Bindungsscheu äußernder Freiheitsdrang verhindert eine Vertiefung von Wissen und Erfahrung, hat eine gewisse Oberflächlichkeit zur Folge und erschwert es Ihnen, sich längere Zeit auf einen Menschen oder eine Sache zu konzentrieren. Das hat nichts mit mangelndem Willen oder bewusster Flatterhaftigkeit zu tun, sondern ist die Folge einer grundsätzlichen Prägung, deren Auswirkungen sich allerdings durch energisches Gegensteuern abschwächen lassen. Sie sind zwar dynamisch und aktiv, verfügen jedoch nur über ein begrenztes Energiepotenzial. Aus diesem Grund fehlt es Ihnen häufig an zäher Ausdauer und Durchhaltevermögen. Um in Schwung zu bleiben, brauchen Sie vielfache Impulse, die teils von außen kommen, teils aber auch Ihrem eigenen Ideenreichtum entspringen. Wenn Sie in eine öde Routine gezwungen werden, erlahmen Sie rasch. Es fällt Ihnen nicht schwer, Dinge in Bewegung zu bringen, doch wenn erst einmal alles reibungslos läuft und Ihnen nichts mehr abverlangt wird, verlieren Sie das Interesse und sehen sich nach etwas Neuem um, das Sie zu neuer Tat reizt. Plötzliche Richtungsänderungen sind bei Ihnen verhältnismäßig häufig und überraschen Ihre Mitwelt immer wieder. Vor einer überzogenen Sprunghaftigkeit sollten Sie sich allerdings hüten, denn nur allzu leicht handeln Sie sich dadurch den Ruf der Unberechenbarkeit und Unzuverlässigkeit ein. Eine weitere Gefahr, auf die Sie achten sollten, ist eine Übersteigerung Ihres Betätigungsdrangs, der zum rastlosen Aktivismus werden kann und Sie auch innerlich gehetzt und unstabil werden lässt.

Ihr Tatendrang ist in der Regel mit einer gewissen Risikobereitschaft gepaart. Solange die Risiken kalkulierbar bleiben und Sie die Übersicht behalten, kann sich der Wagemut auszahlen, doch wenn er in ungezügelte Abenteuerlust ausartet, wird es gefährlich. Hüten Sie sich vor unüberlegten Wagnissen, die Ihnen und anderen Schaden bringen. Da Sie, wie bereits erwähnt, sowieso Gefahr laufen, übervorteilt und betrogen zu werden, sollten Sie besonders vorsichtig sein.

Körperlich sind Sie meist ziemlich widerstandsfähig und können sich rasch regenerieren. Lassen Sie sich aber durch Ihre gute Konstitution nicht zu einem Raubbau an Ihren Kräften verleiten. Achten Sie auf Ihre Gesundheit, die weniger durch organische Erkrankungen als durch Ernährungsfehler, in erster Linie jedoch wegen Ihrer oft unbedachten Dynamik durch Unfälle oder akute, unvermittelt einsetzende Erkrankung bedroht sein kann. Grundsätzlich wichtig ist für Sie viel Bewegung in frischer Luft, aber da Sie fast immer recht sportlich sind, sorgen Sie von sich aus dafür.

Sie schätzen und brauchen die Gemeinschaft von Menschen, wollen in dem sozialen Rahmen, in den Sie eingebunden sind, beachtet und anerkannt werden. Jede Unterordnung fällt Ihnen schwer, gängeln und bevormunden lassen Sie sich nicht. Sie wollen zwar nicht unbedingt im Mittelpunkt stehen, doch mitreden und mitbestimmen möchten Sie immer; die Rolle eines Mauerblümchens liegt Ihnen ganz und gar nicht. Allerdings sind Sie trotz Ihrer Überzeugungskraft nicht unbedingt eine geborene Führernatur, denn dazu fehlt es Ihnen an Beständigkeit und Durchsetzungswillen. Dennoch können Sie es beruflich und gesellschaftlich weit bringen, wenn Sie sich Ihrer Mängel und Schwächen bewusst sind und mit dem wachen Geist und der dynamischen Tatkraft, die Ihnen eigen sind, dagegen angehen. Sie sind zwar ein Optimist, aber auch ein Realist, und deshalb wissen Sie, dass einem im Leben nur wenig in den Schoß fällt; das Meiste, das Freude und Befriedigung schenkt, ist der Lohn redlichen Bemühens und zielgerichteter Arbeit – Arbeit nicht zuletzt an sich selbst.

3. Dekade vom 13.12. bis zum 21.12.

Ihr Wesen: verstandesorientiert, extravertiert, aufgeschlossen, dynamisch, selbstständig

Ihr Auftreten: gelassen, selbstsicher, gewandt, freundlich, offen, beredt, manchmal unbedacht, hochmütig

Ihr Wünschen: tatkräftig ehrgeizig, bestimmt, eigenwillig, manchmal zersplittert, voreilig, ichbezogen, wenig ausdauernd

Ihr Denken: beweglich, selbstbewusst, vielseitig, wahrheitsliebend, manchmal flüchtig und unpräzis

Ihr Handeln: energisch, planvoll, hilfsbereit, schwungvoll, risikobereit, gerecht, manchmal sprunghaft, unbeständig, unkonzentriert

Ihr Ausdruck: gewandt, überzeugend, vielseitig, manchmal undiplomatisch, verletzend offen, unbedacht
Ihr Fühlen: warmherzig, großzügig, verstandesgeleitet, manchmal triebhaft, flach

Als Schütze-Geborener der dritten Dekade sind Sie ein tatenfreudiger, aufgeschlossener und optimistischer Mensch, der mit den Mitmenschen gut auskommt und fast immer einen großen Bekannten- und Freundeskreis hat. Sie lieben das gesellige Miteinander, vor allem jedoch den angeregten Gedankenaustausch, der Ihnen neue Impulse gibt und es Ihnen ermöglicht, Ihre Ideenfülle anderen mitzuteilen. Sie drängen sich nicht in den Vordergrund, wollen jedoch beachtet und anerkannt werden. Materielle Ziele stehen selten im Mittelpunkt Ihrer Interessen, wichtiger als Geld sind Ihnen Ansehen und Beliebtheit. Sie brauchen vielfältige Kontakte zu anderen Menschen. Einsamkeit ertragen Sie nur schwer.

Neues und Andersartiges übt auf Sie eine starke Anziehungskraft aus. Sie sind im buchstäblichen und im übertragenen Sinn auf eine fortwährende Horizonterweiterung bedacht, unternehmen gern Reisen, um fremde Länder, Völker und Kulturen kennenzulernen, bilden sich aber auch durch Lektüre, Filme, Kurse und anderes weiter und verfügen in der Regel über ein sehr umfangreiches Wissen, das Sie zum interessanten Gesprächspartner macht. Nicht zuletzt darauf beruht Ihre Fähigkeit, auch mit wildfremden Menschen rasch ins Gespräch zu kommen und so neue Kontakte zu knüpfen.

Erleichtert wird Ihnen das durch Ihre freundliche und hilfsbereite Aufgeschlossenheit. Eine Kontaktscheu kennen Sie kaum. Sie treten jedem offen und unverklemmt gegenüber und nehmen bei Ihren Äußerungen kein Blatt vor den Mund. Da Sie nicht sehr diplomatisch sind und sich nur schwer in andere Menschen einzufühlen vermögen, kommt es freilich immer wieder vor, dass Sie aus Gedankenlosigkeit andere verletzen und sich nicht selten durch Ihre Unverblümtheit Schaden einhandeln.

Offen und geradlinig wie in Ihren Äußerungen sind Sie auch in Ihrer Einstellung zu den Mitmenschen. Fairness gilt Ihnen viel, und oft sind Sie bereit, einem anderen von vornherein einen Vertrauensvorschuss zu gewähren und darauf zu bauen, dass er sich Ihnen gegenüber genauso redlich verhält. Freilich sind Sie wegen Ihres Mangels an Einfühlungsvermögen kein allzu guter Menschenkenner, und deshalb müssen Sie immer wieder erleben, dass Ihr Vertrauen enttäuscht wird und man Sie schamlos zu übervorteilen und auszunützen versucht. Durch Schaden klug geworden, werden Sie vielleicht im Laufe der Jahre vorsichtiger, aber den Glauben an die Menschheit lassen Sie sich dadurch nicht nehmen – schließlich sind Sie ja ein Optimist.

Die Unfähigkeit zur Einfühlung in andere hängt damit zusammen, dass Sie sich vornehmlich von Ihrem wachen Verstand leiten lassen, während Gefühle bei Ihren Urteilen, Entschlüssen und Planungen keine sehr große Rolle spielen. Wesensmäßig sind Sie jedoch keineswegs ein »kalter Verstandesmensch«. Da das Tierkreiszeichen Schütze ein Doppelzeichen ist, halten sich bei Ihnen insgesamt Verstand und Gefühl weitgehend die Waage. Auch Ihre Extravertiertheit bedeutet nicht, dass Sie in Ihrem Selbstwertgefühl übermäßig stark von der Außenwelt abhängig sind, denn das Zeichen Schütze symbolisiert auch eine starke Zentrierung im eigenen Ich, aus der sich Ihre ausgeprägte Selbstsicherheit erklärt.

Dass Ihr Sonnenzeichen ein Doppelzeichen ist, bedeutet aber auch, dass Sie gelegentlich ein Mensch der Extreme sind, dessen Reaktionen zwischen gereizter Erregung und dumpf grollender Abkapselung pendeln können und bei dem immer wieder extreme Verhaltensweisen möglich sind, für die kein einleuchtender Grund erkennbar ist.

Da Sie nur über ein begrenztes Energiepotenzial verfügen, sind Sie keine ausgesprochene Kämpfernatur. Vermeidbaren Auseinandersetzungen gehen Sie aus dem Weg, auf ein Messen roher Kräfte legen Sie keinen Wert. Ihre Kompromissbereitschaft hat allerdings Grenzen, wenn Ihr ausgeprägtes Gerechtigkeitsgefühl verletzt wird, nicht nur wenn Sie selbst betroffen sind, sondern mehr noch, wenn einem tatsächlich oder vermeintlich Schwächeren Unrecht geschieht. In solchen Fällen gehen Sie energisch auf die Barrikaden und sind bereit, sich für Gemeinschaften oder gemeinnützige oder politische Bewegungen zu engagieren. Das tun Sie auch, wenn es um die von Ihnen sehr hochgehaltene Freiheit geht, denn Freiheit fordern Sie nicht nur für sich selbst, sondern Sie sind der Auffassung, dass jedem Menschen die Freiheit gegeben werden sollte, die ihm bestmögliche Entfaltung erlaubt.

Ihren persönlichen Freiraum brauchen Sie im Alltag und am Arbeitsplatz ebenso wie in zwischenmenschlichen Bindungen. Sie können sich nur schwer unterordnen und lehnen es ab, bevormundet oder gegängelt zu werden. Das bedeutet keineswegs, dass sie ein Eigenbrötler sind, denn Sie können sich durchaus einer Gemeinschaft anpassen, sofern Sie als Individuum respektiert werden und sich nicht übermäßigen Zwängen und Einengungen ausgesetzt sehen. In einer menschlichen Bindung fällt es Ihnen schwer, sich für längere Zeit auf einen einzigen Menschen zu konzentrieren, und gar nicht können Sie es ertragen, wenn man Ausschließlichkeitsansprüche an Sie stellt und Sie allzu sehr »festnagelt«. Das heißt keineswegs, dass Sie nicht treu sein können oder gar »eheuntauglich« sind. Bindungen können stabil und dauerhaft sein, wenn Ihr Partner Ihnen Ihre persönlichen Freiräume und die Möglichkeit zu den für Sie notwendigen vielfältigen Kontakten nach außen lässt. Er darf es getrost wagen, Ihnen Vertrauen zu schenken, denn damit appelliert er an Ihre Fairness – Sie werden ihn kaum je enttäuschen. Wichtig ist freilich, dass eine solche Bindung lebendig erhalten wird und Ihnen immer wieder anregende Impulse gibt, denn wenn sie zur öden Routine wird, erlahmt Ihr Interesse, und was Sie nicht mehr interessiert, geben Sie meist ziemlich rasch auf.

Sie sind dynamisch und aktiv, lieben es, Dinge in Bewegung zu bringen und in Schwung zu halten. Sie wollen gefordert werden und sich bestätigen können, brauchen Möglichkeiten, Ihren Ideenreichtum, Ihre Vielfältigkeit und Ihre Wendigkeit ausspielen zu können. Was Ihnen nichts abverlangt, reizt Sie nicht, in ausgefahrenen Geleisen bewegen Sie sich nicht gern.

Da Ihre Interessen sehr breit gestreut sind, sind Sie in solchen Fällen rasch dabei, sich lohnendere Herausforderungen zu suchen, und das kann beruflich oder auch privat plötzliche Wechsel und Richtungsänderungen bedeuten, mit denen Sie Ihre Mitwelt immer wieder überraschen. Nicht selten schaden Sie sich damit – eine überzogene Sprunghaftigkeit, die Sie in den Ruf der Unberechenbarkeit und Unzuverlässigkeit bringt, sollten Sie auf jeden Fall vermeiden. Mehr Beständigkeit ist nur wahrscheinlich, wenn Sie ganz am Ende der dritten Schütze-Dekade geboren sind, also teilweise unter Steinbock-Einfluss stehen.

Das behutsame und vorausschauende Abwägen ist nicht immer Ihre Sache. Nicht selten sind Sie risikofreudiger, als Ihnen guttut, lassen sich aus purer Abenteuerlust und Neugier in unkalkulierbare Wagnisse ein, die Sie nicht unbeschadet überstehen. Nur wenn Sie am Ende der dritten Schütze-Dekade geboren sind, dämpft der Einfluss des Nachbarzeichens Steinbock Ihren Wagemut.

Körperlich sind Sie in der Regel recht robust und regenerationsfähig. Ihre gute Konstitution sollte Sie jedoch nicht zu einem Raubbau an Ihrer Gesundheit verleiten. Ein »Arbeitstier« sind Sie zwar nicht, und da Sie meist sportlich sind, sorgen Sie von sich aus für ausreichende Bewegung und körperlichen Ausgleich. Gefährdet ist Ihre Gesundheit vermutlich in erster Linie durch Ihre oft unbesonnene Dynamik, die Unfälle und akute Erkrankungen heraufbeschwören kann. Ein überzogener Aktivismus kann zu nervöser Unrast führen, die sich auf Dauer physisch und psychisch verhängnisvoll auswirkt.

Sie haben zweifellos viele positive Eigenschaften, die Ihnen in allen Lebensbereichen zugute kommen. Natürlich haben Sie wie jeder Mensch auch Ihre Fehler und Schwächen, gegen die anzukämpfen es sich lohnt, weil Sie sich dann manches erleichtern und Ihre guten Anlagen noch besser zur Entfaltung bringen können. Mit Selbstdisziplin und auch durch Hilfe von außen sind Sie vielleicht imstande, Ihre Konzentrationsfähigkeit und Ausdauer zu stärken, sich mehr Beständigkeit, Zielstrebigkeit und Entscheidungsfreude anzuerziehen. Nehmen Sie sich die Zeit für eine kritische Selbstbeobachtung und Analyse. Sicherlich werden Sie dafür in diesem Buch manche nützlichen Hinweise finden. Kosmische Prägung ist nicht nur eine Gegebenheit, sondern auch eine Aufgabe, die jedem Menschen gestellt ist und der sich jeder stellen sollte, um das Bestmögliche aus sich zu machen.

Meine Anlagen und Neigungen

Als dynamisch-aktiver, nach außen gewandter Schütze-Geborener treten Sie der Welt und den Menschen sehr aufgeschlossen und kommunikationsbereit gegenüber. Sie sind vielseitig interessiert und kennen keine Kontaktscheu. Sie wünschen und brauchen vielfache Anstöße von außen, sind aber auch Ihrerseits darauf aus, Ihre reiche Gedankenwelt anderen mitzuteilen und durch eigene Impulse gestaltend auf den Gang der Dinge einzuwirken. Sie sind ein Mensch des Handelns; behäbige Tatenlosigkeit ist Ihnen fremd. Neues und Fremdes lockt Sie. Auf stete Horizonterweiterung bedacht, reisen Sie gern, lernen gern Menschen kennen, streben aber auch nach einem möglichst umfangreichen Wissen. Dabei geht Ihnen Vielfalt und Breite vor Spezialisierung und Tiefe. Es fällt Ihnen schwer, sich für längere Zeit auf einen Menschen oder eine Sache zu konzentrieren, weil es ringsum viel anderes gibt, das Ihre Neugier weckt und Sie ablenkt. Als Mensch der Tat gefällt es Ihnen, Dinge in Bewegung zu bringen, doch sobald etwas keine neuen Anforderungen mehr stellt und zur Routine geworden ist, erlahmt Ihr Interesse und damit auch Ihr Betätigungseifer und Ihre Ausdauer.

Sie legen großen Wert auf persönliche Freiräume, können sich nur schwer unterordnen und weichen allzu starren Festlegungen und engen Bindungen an Aufgaben oder Menschen aus. Gefühle spielen bei Ihnen eine untergeordnete Rolle, obwohl Sie eine reiche Gefühlswelt haben. Im praktischen Leben, aber auch in zwischenmenschlichen Beziehungen lassen Sie sich vornehmlich von Ihrem wachen Verstand leiten. Sie streben nach Beachtung und Anerkennung, und da Sie meist sehr beredt sind, sorgen Sie dafür, dass man Sie nicht übersieht. An Selbstsicherheit fehlt es Ihnen selten. Fehlschläge verkraften Sie recht gut, denn Sie sind nicht nur ein geborener Optimist, sondern auch so vielseitig und wendig, dass Sie sich auf veränderte Gegebenheiten rasch einstellen können. Gängelung und Bevormundung lehnen Sie ab. Anderen gegenüber sind Sie offen und fair, wenngleich manchmal von einer verletzenden Direktheit. Von Höflichkeitslügen und diplomatischem Finessieren halten Sie nichts. Durch bedachtere Rücksichtnahme, die keinesfalls mit verlogener Nachgiebigkeit zu verwechseln ist, könnten Sie anderen und sich manche Unannehmlichkeit ersparen.

Diese grundlegenden Wesenszüge und Verhaltensweisen des Schütze-Geborenen zeigen sich bei ihm schon im frühen Kindesalter. Schütze-Kinder zeichnen sich meist dadurch aus, dass sie schon als Baby ungemein aktiv und neugierig sind. Sobald sie gelernt haben, ihre Gliedmaßen zu beherrschen, sind sie darauf aus, die Welt zu erkunden, zunächst die unmittelbare Umgebung und den eigenen Körper, aber bald auch schon das Kinderzimmer, die Wohnung und schließlich die Nachbarschaft. Von kurzen, entwicklungsbedingten Phasen abgesehen, kennen Sie keine Kontaktscheu. Für die Eltern bedeutet das erhöhte Wachsamkeit, denn ein Schütze-Kind grapscht nach allem, sei es eine offene Flamme oder ein knurrender Hund. Dass diese Art der Welterkundung nicht ohne Schrammen und

Beulen abgeht, ist nahezu selbstverständlich, doch sobald Neues das Interesse weckt, ist der Schmerz wieder vergessen. Jeder Versuch, die Entdeckerfreude des Kindes einzuschränken, wird mit lautstarkem Protest bestraft. Immerhin wird das Schütze-Kind schon früh verständig, sodass man vernünftig mit ihm reden und es behutsam steuern kann.

In der Schule sind meist keine besonderen Schwierigkeiten zu erwarten. Das geistig wendige und wache Schütze-Kind begreift rasch und ist aufgrund seiner Wissbegier von sich aus lernwillig. Freilich fehlt es ihm häufig an Gründlichkeit und Ausdauer, und das stundenlange Sitzenmüssen widerspricht seinem angeborenen Bewegungsdrang. Verspannungen können die Folge sein, wenn nicht für Ausgleich gesorgt wird. Mit den Gleichaltrigen hat das umgängliche Kind kaum Probleme, und auch mit den Lehrkräften kommt es gut zurecht, nicht zuletzt dank seiner Aufgewecktheit und Redegewandtheit. Wenig Sitzfleisch und mangelndes Konzentrationsvermögen lassen nicht allzu viele Schütze-Geborene zu Musterschülern werden, aber darauf legen diese selbst meist wenig Wert; und ehrgeizigen Eltern sei als Trost gesagt, dass sich Schütze-Kinder trotz durchschnittlicher oder gar schlechter Zeugnisse im praktischen Leben meist gut zu behaupten wissen. Jeder Versuch, durch Vorhaltungen oder gar Strafen bessere Noten erzwingen zu wollen, wäre zwecklos; hilfreich ist bestenfalls ein offenes Gespräch. Nur wenn sich das Kind als Individuum respektiert fühlt und ein beiderseitiges Vertrauensverhältnis besteht, lässt es sich beeinflussen.

Die Berufswahl fällt dem Schütze-Geborenen wegen der Vielzahl seiner Interessen häufig schwer. Immerhin gibt es Branchen, zu denen er sich aufgrund seiner Anlagen besonders stark hingezogen fühlt. Ihm liegen Berufe, in denen er seine Beredsamkeit und Überzeugungskraft zur Geltung bringen kann (Rechtswesen, Werbebranche usw.), aber auch alle Sparten, die mit Reisen verbunden sind, seiner Wissbegier entgegenkommen oder ihn mit zahlreichen Menschen in Kontakt bringen. Was sich auf eingefahrenen Geleisen abspielt, also öde Routine mit sich bringt, vermag ihn nicht zu fesseln.

Früher war es üblich, jedem Tierkreiszeichen nach Symbolwerten bestimmte Berufe zuzuordnen, doch in unserer Zeit sind solche astrologischen Ratschläge wenig hilfreich, denn grundlegend verändert haben sich in den letzten Jahrzehnten nicht nur zahlreiche Berufsbilder, sondern auch die grundlegenden Gegebenheiten auf dem Arbeitsmarkt. Sinnvoll ist es bestenfalls, auf der Grundlage der kosmischen Grundprägung Rahmenbedingungen abzustecken, unter denen die positiven Anlagen des Schütze-Geborenen am besten zur Entfaltung kommen, und aufzuzeigen, was ihn stört und hemmt. Diese Umstände sind für ihn in der Regel wichtiger als der Beruf selbst, denn er wird bei den richtigen Voraussetzungen in vielen Sätteln seinen Aufgaben gerecht.

Der Schütze-Geborene entwickelt einen gesunden Ehrgeiz, ohne indes karrierebesessen zu sein. Wohl strebt er nach Beachtung und Anerkennung, doch machthungrig ist er nicht, und nur selten stehen materielle Erwägungen im Mittelpunkt seiner Interessen. Zwar schätzt er den sichtbaren Erfolg, zu dem auch ein ausreichend gepolstertes Bankkonto gehört, doch noch wichtiger ist für ihn, unter ihm gemäßen Bedingungen tätig sein zu können. Wohl fühlt er sich nur, wo er bestmöglich zur Entfaltung kommen kann. Einengung und Bevormundung lehnt er ebenso ab wie geisttötende Routine. Um solchen Beeinträchtigungen zu entgehen, ist er bereit, eine Stelle aufzugeben, selbst wenn das für ihn materielle Opfer bedeutet. Mit seiner Wendigkeit und Vielseitigkeit fällt es ihm meist nicht sehr schwer, sich in eine neue Stelle oder unter Umständen sogar in einen anderen Beruf einzuleben. Diese Flexibilität entspricht den Gegebenheiten auf dem heutigen Arbeitsmarkt, mit denen er besser zurechtkommt als die Mehrzahl seiner Mitmenschen.

Um seine Ziele reibungsloser und mit geringerem Kraftaufwand erreichen zu können, sollte er sich um mehr Konzentration und Ausdauer bemühen, mehr Entschlussfreude entwickeln und seine Interessen und Kräfte energischer bündeln, um anstehende Aufgaben mit der wünschenswerten Beständigkeit und Gründlichkeit durchzuführen. Auch wenn ihm ein Neuanfang verhältnismäßig leicht fällt, sollte er bedenken, dass nicht die Summe vieler angebrochener Versuche, sondern nur tatsächlich Erreichtes ein Lebenswerk ausmacht.

Grundsätzlich stehen Ihnen als Schütze-Geborenem beruflich viele Wege offen. Sie dürfen sich getrost einiges zutrauen, sollten sich aber auch selbstkritisch Ihrer Schwäche bewusst sein und gezielt dagegen angehen. Wenn Sie an sich arbeiten, um Ihre Schwachpunkte abzubauen, werden Sie nicht nur letztendlich mehr Erfolg haben und so die erwünschte Anerkennung finden, sondern Sie werden auch auf dem Weg zum Ziel mehr Freude haben und sich weniger anstrengen müssen.

Die ideale Partnerschaft – Liebe und Ehe

Manche Menschen verstehen sich auf Anhieb prächtig und kommen ausgezeichnet miteinander aus, während andere nur schwer zueinanderfinden oder sich gar in offenen Streitigkeiten oder schwelenden Konflikten aneinander zerreiben. Wesensverwandtschaften und Wesensgegensätze spielen in zwischenmenschlichen Beziehungen eine entscheidende Rolle, und da das Wesen des Menschen maßgeblich durch kosmische Prägung mitbestimmt wird, sind Partnerschaftsvergleiche auf astrologischer Grundlage sehr beliebt.

Nun sind freilich solche Vergleiche im konkreten Fall nur dann wirklich aussagekräftig, wenn die individuellen, präzis erstellten und ausgedeuteten Horoskope beider Partner als Grundlage dienen. Immerhin lassen sich aus den Sonnenzeichen zweier Menschen »Verträglichkeitswerte« ableiten, ist doch das Tierkreiszeichen, in dem zum Zeitpunkt der Geburt die Sonne gestanden hat, der wichtigste Prägefaktor des Individualhoroskops. Zwar kann man aus einem Wesensbild, das lediglich aus dem Sonnenzeichen abgeleitet wurde, keine genauen Aussagen für den Einzelfall gewinnen, aber solche Vergleiche sind dennoch sinnvoll, weil sie helfen können, zwischenmenschliche Beziehungen erfreulicher und reibungsloser zu gestalten: Wenn man die Stärken und Schwächen seiner Mitmenschen kennt, vermag man sich besser darauf einzustellen und manche Reibereien und Krisen zu vermeiden. Dazu gehört freilich auch, dass man zunächst einmal über sich selbst möglichst genau Bescheid weiß, sich seine Schwächen eingesteht und sich keiner Selbsttäuschung hingibt. Deshalb stellen wir den Partnerschaftsvergleichen nach Sonnenzeichen Ausführungen über Ihr eigenes Verhalten in zwischenmenschlichen Beziehungen voran.

Aufgrund der Charakteristiken der Sonnenzeichen hat man eine Vergleichstabelle der zwölf Tierkreiszeichen erstellt, auf der die Verträglichkeit nach einem von 1 bis 6 reichenden Punktesystem bewertet wird. Danach verträgt sich der Schütze am besten mit Widder und Löwe (6 Punkte), dann mit Stier und Waage (5 Punkte) und mit Wassermann und Fischen (4 Punkte) sowie mit Jungfrau und Steinbock (2 Punkte), während Krebs und Schütze mit lediglich einem Punkt am unteren Ende der Verträglichkeitsskala stehen. Diese Bewertungen gelten freilich nur für die grundlegenden Wesenszüge; im konkreten Einzelfall kann ein Schütze durchaus mit einem Krebs auskommen, doch müssen in diesem Fall beide Partner sich bemühen, die Beziehung trotz erheblicher Wesensunterschiede harmonisch zu gestalten, während in der Partnerschaft mit einem Widder die Harmonie von vornherein weitgehend gegeben ist.

Ihr Partnerschaftsverhalten

In Ihrem dynamischen Optimismus sind Sie sicherlich der felsenfesten Überzeugung, ein fast nur mit lobenswerten Eigenschaften gesegneter Idealpartner zu sein. Nun fehlt es Ihnen zwar gewiss nicht an positiven Anlagen, und zweifellos gibt es viele Menschen, mit denen Sie ausgezeichnet harmonieren, doch rundum tadellos sind Sie ebenso wenig wie alle anderen Menschen. Deshalb sollten auch Sie sich Ihrer Schwächen und Mängel bewusst sein, sie sich eingestehen und bemüht sein, negativen Tendenzen entgegenzusteuern. Ebenso sinnvoll ist es, wenn Ihr Partner darüber Bescheid weiß, weil er sich dann darauf einstellen und durch sein Verhalten manche Missverständnisse und Reibereien vermeiden kann.

Zu Ihren positiven Anlagen gehören innere Freiheit, Willenskraft, Ehrgeiz, Entschlossenheit, Selbstbewusstsein, Vielseitigkeit, geistige Wendigkeit, Fantasie, Offenheit für die Umwelt, Dynamik und Optimismus. Sie sind zwar extravertiert, doch der Mittelpunkt Ihres Lebens ist die eigene Persönlichkeit. Ihre Redegewandtheit fördert die Kontaktfähigkeit. Vielfältige Anstöße und Anregungen der Außenwelt halten Sie in Schwung. Sie sind direkt und offen. Wie bei allen Tierkreiszeichen können diese Anlagen durch vielfältige kosmische Prägefaktoren abgewandelt oder ins Negative übersteigert sein; in diesem Fall ist die Aufzählung Ihrer Eigenschaften weniger erfreulich: unbesonnenes Draufgängertum, Konzentrationsmangel, fehlende Ausdauer, verschwommene Zielsetzung, Geschwätzigkeit, Taktlosigkeit … In der Regel aber liegen Ihre tatsächlichen Gegebenheiten zwischen den positiven und negativen Extremen, haben Sie wie jeder Mensch Ihre Vorzüge und Nachteile.

Für den Bereich der zwischenmenschlichen Beziehungen bedeutet das: Schütze-Geborene suchen und finden mit ihrer Neugier und Offenheit rasch Kontakt, probieren und experimentieren gern, doch wenn jemand versucht, sie an die Leine zu legen, ihren Freiheitsdrang zu beschneiden, machen sie kurzen Prozess und lösen die Bindung wieder. Trennungen belasten den Schützen wenig, denn mit seiner Vitalität findet er bald neuen Anschluss; als interessanter Gesprächspartner und dynamischer Optimist ist er recht beliebt. Der Kontaktfindung förderlich ist sein Drang zum Ortswechsel – beispielsweise durch Reisen –, der ihn viele Menschen kennenlernen lässt. Solange der Expansionsdrang des Schützen nicht gezügelt ist, zögert er, eine feste Bindung einzugehen. Aber auch wenn er diesen Schritt, ob mit oder ohne Standesamt, einmal gewagt hat, braucht er weiterhin einen persönlichen Freiraum und viele Kontakte zur Umwelt, weshalb eine Bindung für einen introvertierten, zurückhaltenderen Partner mit starkem Sicherheitsbedürfnis und besitzergreifendem Ausschließlichkeitsanspruch recht strapaziös und konfliktreich sein kann. Andererseits ist der Schütze dem Partner gegenüber großzügig und tolerant, und man kann sicher sein, dass die Beziehung niemals langweilig sein wird. Wenn man den Freiraum des Schützen respektiert und ihm offen und fair gegenübertritt, lässt sich mit ihm sehr wohl eine harmonische und dauerhafte Partnerschaft aufbauen.

Schütze mit Widder

Eine solche Verbindung wird dadurch begünstigt, dass hier ganz eindeutig die Wesens Verwandtschaften überwiegen: Beide Partner sind gleichermaßen tatenfreudig, schwungvoll und begeisterungsfähig, sagen offen ihre Meinung, haben viele gemeinsamen Interessen und verstehen sich deshalb menschlich ausgezeichnet. In einem Arbeitsteam sind sie allerdings nicht unbedingt Idealpartner, denn es fehlt beiden an Ausdauer bei der Verfolgung von Zielen und an Durchsetzungskraft bei der Wahrung materieller Interessen. Mehr noch als der Widder neigt der Schütze zu unbesonnenen Abenteuern, mit denen er sich schadet. Hingegen herrscht in einer engen Partnerschaft weitgehende Harmonie. Stabilisiert wird sie in der Regel durch eine starke erotische Bindung, die durch die Leidenschaftlichkeit des Widders und die warme Sinnlichkeit des Schützen aufrechterhalten wird; nicht nur auf diesem Gebiet, sondern allgemein sorgen Einfallsreichtum, Tatendrang und Dynamik beider Partner dafür, dass die Verbindung niemals langweilig wird. Der Widder-Partner sollte sich allerdings darauf einstellen, dass der Schütze mehr als er selbst Anregungen von außen braucht, doch für dieses Kontaktbedürfnis hat er Verständnis, denn auch für ihn sind Anstöße der Umwelt wichtig. Da grundlegende Meinungsverschiedenheiten selten und beide Partner offen und kompromissbereit sind, kennzeichnen Harmonie und Dauer Schütze-Widder-Partnerschaften.

Schütze mit Stier

In der Verträglichkeitsskala wird die Verbindung mit 5 Punkten sehr günstig bewertet, obwohl in vielen Wesenszügen ausgeprägte Gegensätze vorliegen. Dennoch können beide bei der Verfolgung gemeinsamer Interessen ein erfolgreiches Team bilden, das sich gut ergänzt: Der tatenfreudige Schütze gibt Anstöße, der bedachte Stier übernimmt die solide Planung, der dynamische Schütze hält das Unternehmen in Schwung und wird seinerseits vom Partner bei der Stange gehalten, wenn sein Interesse zu erlahmen droht. Auch menschlich haben beide ihren Nutzen von einer Partnerschaft, da die Vielseitigkeit des Schützen Horizont und Wirkungskreis des Stiers erweitert, während dessen Vorsicht ihn von Irrwegen und Fehlschlägen bewahrt. Der verhaltene Stier erhält vielfache Anregungen und Kontakte durch den Partner. Erst in einer engen Verbindung treten die Gegensätze in Erscheinung: Der besitzergreifende Stier versucht den Schützen an die kurze Leine zu nehmen; die vielfältigen Kontakte des Partners zur Außenwelt wecken seine Eifersucht und das Gefühl, vernachlässigt zu werden, während dem Schützen der Konservativismus und eine gewisse Unbeweglichkeit und rechthaberische Starrsinnigkeit des Stiers auf die Nerven gehen. So kann es zu Reibereien und Auseinandersetzungen kommen, die aber nur selten zum Bruch führen, denn beide wissen mit ihrem gesunden Menschenverstand sehr wohl, was sie am Partner haben. Stabilisierend wirkt oft auch eine starke erotische Bindung, die durch die tiefe Gefühlswärme des Stiers und die Leidenschaftlichkeit des Schützen gespeist wird und mancherlei Gegensätze überbrückt.

Schütze mit Zwillinge

Gemeinsam sind beiden Begeisterungsfähigkeit und Tatendrang, Dynamik und Optimismus. Beide sind extravertiert, brauchen vielfältige Anstöße von außen, die ihnen nicht zuletzt ihr großer Bekannten- und Freundeskreis vermittelt, den ihnen ihre Kontaktfähigkeit beschert. Geistige Wendigkeit und Beredsamkeit sichern ein ungemein anregendes Miteinander. Auch auf erotischem Gebiet harmonieren sie meist ausgezeichnet, haben sie doch die gleiche Grundeinstellung zur Sexualität und schätzen – auch nach dem Eingehen einer festen Bindung – den verspielten Flirt und die unbeschwerte, fantasievolle Sinnlichkeit. Da beide vielfältige, nach außen gerichtete Interessen haben und auf persönlichen Freiräumen bestehen, kann es allerdings dazu kommen, dass die Zweisamkeit abbröckelt und innere Bindungen sich lockern. In diesem Fall kann ein ansonsten problemlos tolerierter, noch so unverbindlicher »aushäusiger« Flirt zum Bruch führen. Unbedachte Taktlosigkeiten des Schützen können den Partner verletzen, dessen Sprunghaftigkeit und Stimmungsumschwünge können dem Schützen auf die Nerven gehen. So sind es meist nicht grundsätzliche Wesensunterschiede oder Meinungsverschiedenheiten, an denen Zwillinge-Schütze-Partnerschaften zerbrechen, sondern Gedankenlosigkeiten und die kleinen Reibungen des Alltags, die sich summieren und deren Gefährlichkeit für die Partnerschaft in sonnigem Optimismus einfach übersehen wird. Wenn darauf rechtzeitig geachtet wird, kann die Zweisamkeit harmonisch und von Dauer sein.

Schütze mit Krebs

Obwohl die Vertreter dieser beiden Tierkreiszeichen in vielem sehr gegensätzlich sind und dementsprechend in der Verträglichkeitstabelle der Krebs beim Schützen ganz unten steht, gibt es doch erstaunlich viele Schütze-Krebs-Verbindungen. Die offene, unverklemmte Art des extravertierten Schützen spricht den zurückhaltenden, eher unsicheren Krebs stark an, während es den tatenfreudigen Schützen reizt, den Krebs aus seiner Schale hervorzulocken und ihm etwas vom eigenen Schwung mitzuteilen, ihm neue Horizonte zu eröffnen und ihn an den eignen vielfältigen Interessen teilhaben zu lassen. Auch erotisch wird der leidenschaftliche Schütze von der tiefen Gefühlswelt des Krebses stark angesprochen, sodass beim Kennenlernen die Gegensätzlichkeiten von großer Anziehungskraft sind. In einer engen Zweierbeziehung sind allerdings mancherlei Spannungen und Konflikte vorprogrammiert, denn im tagtäglichen Miteinander werden die Wesensunterschiede häufig nicht mehr als attraktiv, sondern als störend empfunden. Der eifersüchtige Ausschließlichkeitsanspruch des auf Absicherung der

Zweisamkeit bedachten Krebses ist für den freiheitsliebenden Schützen eine unerträgliche Einengung und Bevormundung; Unzuverlässigkeit und Leichtfertigkeit sind die Vorwürfe, die der Krebs dem für die Umwelt sehr viel offener und empfänglicheren Partner macht. Beide sollten sich um Interessen und Unternehmungen (beispielsweise Reisen) bemühen, die das Zusammengehörigkeitsgefühl stärken.

Schütze mit Löwe

Mit 6 Punkten steht der Löwe in der Verträglichkeitsskala beim Schützen ganz oben, denn zwischen beiden besteht eine weitgehende Übereinstimmung in Gedanken, Gefühlen und Zielen. Beide sind ehrgeizig und kontaktfreudig, offen und umgänglich, haben Schwung und Temperament, lieben den Luxus, können fröhlich, amüsant und unterhaltsam sein. Gleichermaßen impulsiv, begeisterungsfähig und tatendurstig sind sie auf sexuellem Gebiet. Häufig sind die Vertreter dieser Tierkreiszeichen schon bei der ersten Begegnung Feuer und Flamme füreinander, spüren einen Gleichklang der Seelen, der rasch zu einer engen Bindung führen kann. Freilich wird diese in den Prüfungen des Alltagslebens nur dann harmonisch und von Dauer sein, wenn beide willens und fähig sind, gegensätzliche Wesensprägungen in den Hintergrund treten zu lassen. So kann das vielseitige Kontaktbedürfnis des Schützen Selbstwertgefühl und Geduld des Löwen strapazieren, weil er sich vernachlässigt und zurückgesetzt fühlt, während dem freiheitsliebenden und ebenso selbstbewussten Schützen der Autoritätsanspruch des Löwen und seine Forderung nach Bewunderung und Rampenlicht auf die Nerven gehen. Unbedachte Offenheit und eine übertriebene »Aushäusigkeit« des Schützen können die Partnerschaft ebenso belasten und gefährden wie die übertriebene Eifersucht und Ichbezogenheit des Löwen. Die hohe Bewertung in der Verträglichkeitsskala ist also keineswegs eine Garantie für immerwährendes ungetrübtes Glück; im Alltagsleben wird die Tragfähigkeit der Verbindung durch mancherlei Probleme immer wieder auf die Probe gestellt.

Schütze mit Jungfrau

Der extravertierte, freiheitsliebende, kontaktfreudige, impulsive Schütze und die introvertierte, vorsichtige, zurückhaltende, auf Absicherung bedachte Jungfrau sind in vieler Hinsicht so verschieden, dass enge Verbindungen nicht unproblematisch und aus diesem Grund nicht allzu häufig sind. Zwar fühlt sich eine Jungfrau-Geborene nicht selten zu einem feurigen, energiegeladenen Schützen hingezogen, während für den Geschmack des kritisch abwägenden Jungfrau-Mannes die dynamische Schützin meist allzu »unsicher« und kontaktfreudig ist. Wenn beide Partner allerdings so reif sind, dass sie aufeinander einzugehen und Verständnis für die Eigenart des anderen aufzubringen vermögen, und wenn obendrein noch gemeinsame Interessen und Ziele gegeben sind, lohnt es sich für beide, eine Partnerschaft zu wagen: Die Jungfrau gewinnt an Schwung, Optimismus und Weltoffenheit, der Schütze an Stabilität und innerer und äußerer Ordnung. Sie ergänzen sich nicht nur bei praktischen Unternehmungen recht glücklich, sondern bauen häufig auch eine sehr starke erotische Bindung auf, die durch die Gegensätzlichkeiten spannungsvoll bleibt. Unterschiedliche Lebensrhythmen und -einstellungen können im alltäglichen Miteinander mannigfache Reibereien und Konflikte erzeugen, sodass Abstriche und Verständigungsbereitschaft erforderlich sind, um eine dauerhafte Partnerschaft zu gewährleisten.

Schütze mit Waage

Mit fünf Punkten ist diese Verbindung in der Verträglichkeitsskala recht hoch bewertet, und das hat gute Gründe. Zwei Menschen, die beide extravertiert, gesellig, unterhaltsam und kontaktfreudig sind, finden rasch zusammen. Ehe sie eine feste Bindung eingehen, dauert es allerdings oft einige Zeit, denn einerseits ist die Waage nicht sonderlich entschlussfreudig, und andererseits möchte der Schütze so lange wie möglich seine Freiheit und Unabhängigkeit erhalten. Immerhin ist die erotische Anziehung meist stark, gemeinsame Interessen und Standpunkte verbinden mehr und mehr, die Partnerschaft wird enger und enger, und falls man den Gang zum Standesamt wagt, haben beide das selten zu bereuen: Schütze-Waage-Verbindungen sind ungewöhnlich lebendig, abwechslungsreich und im positiven Sinn spannungsvoll und werden gewöhnlich durch eine enge erotische Bindung stabilisiert. Freilich geht es auch hier nicht ganz ohne Probleme ab, denn beide legen eine gewisse »Aushäusigkeit« an den Tag, haben viele nach außen gerichtete Interessen, die manchmal der Zweisamkeit schaden. Dem Schützen können Unentschlossenheit und mangelnde Beständigkeit der Waage, dieser die unbedachte Offenheit und gelegentliche Unzuverlässigkeit des Schützen auf die Nerven gehen. Dennoch sind beide so beweglich, offen und kompromissbereit, dass aus Differenzen keine langwierigen Konflikte werden und die Atmosphäre rasch bereinigt wird.

Schütze mit Skorpion

Keineswegs immer gelingt es dem introvertierten, besitzergreifenden, eher konservativen Skorpion, den extravertierten, freiheitsliebenden, allem Neuen aufgeschlossenen Schützen auf Dauer zu halten. Zwar fühlt sich bei der ersten Bekanntschaft der kontaktfreudige, sinnenfrohe Schütze häufig von der starken erotischen Ausstrahlung und der interessanten Gedankenwelt des Skorpions angezogen, doch in einer engen Partnerschaft geht ihm bald schon der einengende Ausschließlichkeitsanspruch des Skorpions auf die Nerven, und dessen Tendenz zur Abkapselung des Innenlebens widerspricht völlig seiner direkten Offenheit. Der Skorpion wiederum fühlt sich von seinem nach außen gewandten Partner vielfach vernachlässigt. Da beide nicht auf den Mund gefallen, aber wenig diplomatisch und nachgiebig sind, können sich die Spannungen in ebenso lautstarken wie unschönen Szenen entladen, wobei die manchmal verletzende Unbedachtsamkeit des Schützen weitere Wunden schlägt. Eine Versöhnung ist oft schwierig, da der Schütze ungern zurücksteckt, der beleidigte oder gar gedemütigte Skorpion ungemein nachtragend und manchmal sogar ausgesprochen rachsüchtig ist und beide sehr eigenwillig sind. In solchen Situationen kann die Vermittlung eines einfühlsamen Dritten hilfreich sein. Besser ist es freilich, durch viele gemeinsame Interessen und Unternehmungen die Kräfte auf die Partnerschaft zu konzentrieren, rechtzeitig aufeinander zuzugehen und sich auf die Eigenart des anderen einzustellen.

Schütze mit Schütze

Es mag erstaunen, dass diese Verbindung in der Verträglichkeitsskala nur mit einem einzigen Punkt bewertet wird, während Verbindungen zwischen Partnern fast aller Tierkreiszeichen günstiger beurteilt werden, weil ähnliche Anlagen, gleichgerichtete Interessen und fast gleiche Standpunkte eine weitgehende Harmonie gewährleisten. Eine Partnerschaft auf intellektueller Ebene und bei gemeinsamen Unternehmungen ist auch für zwei Schützen in der Regel problemlos und ungemein anregend. Unverträglichkeiten, die die ungünstige Bewertung in der Skala rechtfertigen, ergeben sich in erster Linie in einer engen Zweierbindung, weil sich dann gleichgerichtete Anlagen übersteigern können. So führen Redseligkeit und fanatische Wahrheitsliebe der Schütze-Geborenen wegen ihre Mangels an Diplomatie und Zurückhaltung rasch dazu, dass Gespräche zu Disputen, zu lautstarken Auseinandersetzungen entarten, bei denen keiner der eigenwilligen Kontrahenten zum Einlenken bereit ist. Der starke Unabhängigkeitsdrang beider kann die Zweisamkeit stark belasten, nach außen gerichtete Aktivitäten und Interessen können den Bestand an Gemeinsamkeit erschöpfen. Das Nervenkostüm von Schütze-Geborenen ist nicht allzu stabil; wenn anstrengende und aufreibende Konflikte drohen, werfen sie rasch die Flinte ins Korn. Wenn sie sich nicht auseinanderleben wollen, müssen sie rechtzeitig auf den Aufbau einer möglichst umfangreichen gemeinsamen Erfahrungswelt bedacht sein.

Schütze mit Steinbock

Obwohl sie von ihrem Wesen sehr unterschiedlich sind, können sie doch von einer Partnerschaft einiges profitieren: Der vorsichtig zurückhaltende Steinbock bewahrt den impulsiven Schützen vor manch unbedachtem Fehlschlag und verhilft ihm zu einer stabilen materiellen Basis: Dem grübelnden, oft pessimistischen Steinbock tut der aufmunternde Optimismus des Schützen gut, bringt ihm Ermutigung und Auftrieb. Schütze-Steinbock-Verbindungen entwickeln sich in der Regel verhältnismäßig langsam zu einer engen

Partnerschaft, da zunächst viel Trennendes abgebaut, viel Gegensätzliches abgeschliffen werden muss. Der Schütze muss eine gewisse Ordnung, Pünktlichkeit und Verlässlichkeit erlernen, der Steinbock muss seine innere Distanz zur Mitwelt und den Mitmenschen verringern. Auch auf erotischer Ebene braucht die Anpassung an die unterschiedliche Einstellung des Partners ihre Zeit: Der Schütze muss seine Neigung zur »Aushäusigkeit«, der Steinbock seine besitzergreifende Eifersucht abbauen, sodass schließlich Leidenschaftlichkeit und Gefühlstiefe eine stabile Bindung schaffen. Sie allein genügt freilich nicht, um im alltäglichen Miteinander Konflikte zu vermeiden und eine harmonische Dauer der Partnerschaft zu gewährleisten; bis sich die Gegensätze so abgeschliffen haben, dass die Reibungsflächen auf ein Minimum reduziert sind, sind beiderseitiges Bemühen und wahrscheinlich viel Zeit nötig.

Schütze mit Wassermann

Beide sind sehr gesprächig, unterhaltsam und vielseitig interessiert, schmieden gern Pläne, schätzen Kunst und Kultur, reisen gern und sind sportlich. Beide sind gleichermaßen unabhängig und freiheitsliebend und halten viel von Gleichberechtigung. Sie sind kontaktfreudig und lieben gepflegte Geselligkeit, sind den Annehmlichkeiten des Lebens gleichermaßen zugewandt. Aufgrund dieser vielfachen Übereinstimmungen verstehen sie sich in der Regel auf Anhieb prächtig. Dass es auch mancherlei Gegensätze gibt, zeigt sich allerdings, wenn die Bindung enger und den Belastungen des Alltags ausgesetzt wird. Nun kann es sein, dass die dynamische Betriebsamkeit des Schützen den konzentrierteren Partner stört, während dem wirklichkeitsbezogenen Schützen utopische Höhenflüge des Wassermanns und seine »Weltverbesserungsmanie« auf die Nerven gehen. Unterschiede gibt es auch auf erotischem Gebiet: Der Schütze ist feurig und leidenschaftlich, der Wassermann verhalten und gefühlstief, was der Partner manchmal als Kühle und Abweisung empfindet, während der Wassermann einen Mangel an inniger Zuwendung verspürt. Diese Gegensätze sind freilich durchaus überbrückbar, und da beide sehr mitteilsam sind und sich offen und klar auszudrücken pflegen, können Differenzen meist rasch bereinigt werden. Deshalb und wegen des geistigen Einklangs sind Schütze-Wassermann-Verbindungen in der Regel harmonisch und von Dauer.

Schütze mit Fische

Trotz zahlreicher Wesensgegensätze sind glückliche und dauerhafte Schütze-Fische-Partnerschaften keineswegs eine Seltenheit. Da Fische-Geborene zurückhaltend und nicht unbedingt kontaktfreudig sind, ist es häufig der Schütze, der die Beziehung anbahnt, denn seinen neugierigen Forscherdrang reizt das tiefgründige Seelenleben des Fisches, das auf ihn eine starke Faszination ausübt, und so versucht er, sein Gegenüber aus der Reserve zu locken, seine Geheimnisse auszuloten. Anziehend auf den Fische-Geborenen wirkt die mitreißende, optimistische Dynamik des Schützen, die ihm helfen kann, sich aus seiner Passivität und manchmal überstarken Ichbezogenheit zu lösen. In der Tat bringt eine Partnerschaft beiden Nutzen: Der Schütze lernt eine vertiefte, der Fische-Geborene eine in die Umwelt erweiterte Erfahrenswelt kennen, der Fisch erhält Auftrieb und mehr Sicherheit, der Schütze menschliche Wärme und Geborgenheit. Freilich muss der Fische-Geborene im Interesse der Partnerschaft seine besitzergreifende Eifersucht, der Schütze seinen nach außen gerichteten Tätigkeitsdrang bremsen; beide müssen lernen, sich aufeinander einzustellen und einander zuzuwenden, der Schütze, indem er sich auf den Partner konzentriert, anstatt sich in vielfältigen Kontakten zu verzetteln. Sicherlich werden sie sich wegen ihrer Wesensgegensätze manchmal auf die Nerven gehen, aber dass dies sich mit gutem Willen sehr wohl überbrücken lässt, beweisen viele dauerhafte Schütze-Fische-Partnerschaften.

Meine Gesundheit

Wenn in früheren Jahrhunderten Leute von Rang und Namen erkrankt waren, wurde als Erstes nicht der Arzt, sondern der Astrologe gerufen, der dem Heilkundigen die für die Diagnose und Behandlung wichtigen Hinweise zu geben hatte. Häufig waren jedoch die Ärzte selbst Astrologen, so etwa Paracelsus, der bedeutendste Mediziner an der Wende des Mittelalters zur Neuzeit, der die Meinung vertrat, dass die Beachtung der Gestirnstände eine notwendige Voraussetzung für jede erfolgreiche Behandlung sei. Das war damals schon seit Jahrtausenden üblich, wie Zeugnisse aus der griechischen und römischen Antike beweisen.

Uralt sind auch die Zuordnungen bestimmter Körperteile, Organe und Erkrankungen zu Tierkreiszeichen und Gestirnen. Das bedeutet nichts anderes, als dass je nach den Konstellationen des Geburtshoroskops bestimmte Schwachpunkte und Gefährdungen gegeben sind. Es heißt jedoch nicht, dass entsprechende Erkrankungen und Schädigungen tatsächlich eintreten müssen: Eine durch kosmische Prägung gegebene, im Geburtshoroskop angezeigte Krankheits- und Schädigungsdisposition wird erst dann akut, wenn im weiteren Verlauf des Lebens bestimmte auslösende Gestirnstände die schlummernden Anlagen aktivieren. Daraus ist freilich nicht zu schließen, dass »die Sterne krank machen«; sie machen ebenso wenig krank, wie eine Uhr Zeit »macht«. Uhren zeigen Zeit an, und genauso zeigen Gestirne drohende Gefährdungen an. Wenn ich rechtzeitig auf diese Warnungen achte, meine Schwachpunkte kenne und weiß, welche Gefahren mir drohen, kann ich Gegenmaßnahmen ergreifen, um sie abzuwenden. Ich kann ganz gezielt meine Lebensweise und Ernährung umstellen, auf Genussgifte verzichten, meinen Organismus durch Bewegung, Gymnastik, Wasseranwendungen nach Kneipp usw. kräftigen und so dafür sorgen, dass meine Krankheitsdispositionen nicht zu tatsächlichen Erkrankungen werden.

Dem Zeichen Schütze zugeordnet sind die Hüftregion, das Gesäß, die Oberschenkel, die Gallen- und Leberfunktionen, die Muskulatur allgemein, aber auch der Venenkreislauf und das Nervensystem, was auf eine Anfälligkeit für Hüftleiden, Gallen- und Lebererkrankungen, Rheuma, Gicht, Hexenschuss sowie für Verletzungen (Zerrungen, Bänderrisse usw.) hinweist. »Planetenherrscher« im Zeichen Schütze ist der Jupiter, dem Organsysteme wie Milz, Leber und Lunge, die Ernährungsfunktionen (u. a. das Dickenwachstum) und der arterielle Blutkreislauf zugeordnet sind, wodurch die oben genannten Anfälligkeiten um Blutkrankheiten und Schädigungen durch Fehlernährung (z. B. Fettleibigkeit) erweitert sind. Diese traditionellen medizinischen Zuordnungen der Astrologie wurden keineswegs willkürlich oder nur nach Symbolgehalten vorgenommen, wie es den Anschein haben könnte; vielmehr wurde sie im Lauf von Jahrtausenden aufgrund sorgfältiger Beobachtung und Bezugsetzung von irdischem und kosmischem Geschehen erarbeitet.

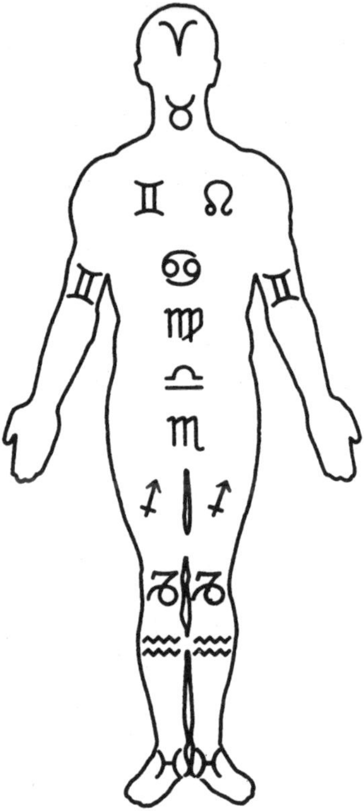

♈ Widder: Kopf
♉ Stier: Kehle, Hals
♊ Zwillinge: Lunge und Arme
♋ Krebs: Brust und Magen
♌ Löwe: Herz
♍ Jungfrau: Darm
♎ Waage: Nieren und Harnleiter
♏ Skorpion: Geschlechtsorgane
♐ Schütze: Oberschenkel
♑ Steinbock: Knie
♒ Wassermann: Waden
♓ Fische: Füße

Aufteilung der Tierkreiszeichen auf die verschiedenen Körperzonen

Gefährdung und Vorbeugung

Die in Ihrem Horoskop angezeigten Gefährdungen bedeuten keineswegs, dass es schicksalhaft und unausweichlich zu einer entsprechenden Schädigung kommen muss, sondern lediglich, dass Sie in dieser Hinsicht besonders vorsichtig sein sollten, damit eine bei Ihnen gegebene Möglichkeit nicht zur schadenbringenden Wirklichkeit wird.

Das hat zunächst einmal mit Astrologie wenig zu tun, sondern ist ganz einfach ein Gebot des gesunden Menschenverstandes. Wenn Sie beispielsweise wissen, dass Sie einen schwachen Magen haben, sind Sie von sich aus darauf bedacht, ihn nicht zu überladen und ihm nichts Unbekömmliches zuzumuten, denn Sie wissen aus schmerzlicher Erfahrung, welche Folgen das haben wird. Ihre im Horoskop angezeigten Gefährdungen mögen Ihnen zwar weniger deutlich bewusst sein, sind aber ebenso ernst zu nehmen. Der Wert der Horoskopaussage liegt ja gerade darin, dass sie Ihnen Erkenntnisse über Ihre leibseelischen Anlagen und Gegebenheiten vermittelt, also auch über Ihre physische Gesundheit und deren mögliche Beeinträchtigungen. Wenn Sie jedoch Ihre Schwachpunkte kennen, können Sie gezielt dagegen angehen und durch vorbeugende Maßnahmen dafür sorgen, dass Anfälligkeiten nicht zu tatsächlichen Erkrankungen und Schädigungen führen. Wir müssen uns hier freilich auf allgemeine Hinweise beschränken, denn die Astromedizin oder medizinische Astrologie ist eine hoch komplizierte Erfahrungswissenschaft, deren Diagnose-

und Therapiemethoden sich nicht auf wenigen Seiten sinnvoll darstellen lassen.

Bei manchen der in Ihrem Horoskop angezeigten Anfälligkeiten handelt es sich um psychosomatische, das heißt, seelisch bedingte Störungen, die durch innere Spannungen und Konflikte ausgelöst werden. Zu solchen Konflikten kann es bei Ihnen kommen, weil Sie nicht selten ein Mensch der Extreme sind, der an sich selbst zu hohe Anforderungen stellt und auch von der Umwelt zu viel verlangt. Wenn Sie den Ihren Gegebenheiten und Möglichkeiten übersteigenden Ansprüchen nicht gerecht werden, befallen Sie Selbstzweifel; Sie werden unsicher und machen sich Vorwürfe. Meist ungeäußert bleiben die Vorwürfe, die Sie für vermeintliches oder tatsächliches Nichtgenügen der Mitmenschen haben. Diese Unzufriedenheit und Unsicherheit ist für Sie eine innere Belastung, die sich in schmerzhaften organischen Störungen somatisieren, also körperlich äußern kann.

Noch direkter und deutlicher ist der Zusammenhang zwischen einigen Ihrer Anfälligkeiten und bestimmten auf Ihrer Wesensprägung beruhenden Verhaltensweisen. So ist Ihnen ein dynamischer Bewegungsdrang angeboren, der für Ihren Mangel an »Sitzfleisch« verantwortlich ist. Häufig veranlasst er Sie zu unbedachten Impulshandlungen und vor allem nach einem Bewegungsstau durch erzwungene körperliche Untätigkeit zu voreiligem Handeln, das Sie manchmal elementarste Vorsichtsregeln vergessen lässt. So ist es kein Wunder, dass Sie überdurchschnittlich stark durch Unfälle und Verletzungen gefährdet sind.

Zu Ihrer Wesensart gehört auch eine Freude an den materiellen Genüssen des Lebens, nicht zuletzt am guten Essen und Trinken. Da Sie auch hier zu Übertreibungen neigen, gönnen Sie sich nicht selten zu viel des Guten, sodass Gewichtsprobleme Ihnen meist nicht unbekannt sind. Wenn Sie obendrein noch eifrig zum Glas greifen, um sich an hochprozentigen alkoholischen Getränken zu laben, können, wie im Horoskop angezeigt, Leber und Galle in Mitleidenschaft gezogen werden und sich entsprechende Stoffwechselstörungen einstellen.

Ein Problem bei Ihnen ist, dass Sie kleineren Unfällen und leichteren Krankheitssymptomen wenig Beachtung schenken und sich oft auch deutlichere Beeinträchtigungen keine nachhaltige Lehre sein lassen, weil Sie in der Regel recht zäh und widerstandsfähig sind und sich rasch erholen. Diese Gleichgültigkeit der eigenen Gesundheit gegenüber kann sich auf Dauer verhängnisvoll auswirken. Sie sollen natürlich nicht zum Hypochonder werden, aber ein vernünftiges Maß an Beachtung sollten Sie den Warnsignalen Ihres Körpers schenken, und durch ein wenig mehr Bedachtsamkeit könnten Sie sich manche Verletzung ersparen.

Sie wollen kein Mensch des Mittelmaßes sein, wollen und können sich auszeichnen. Aber der Gegenpol des Mittelmaßes ist nicht Maßlosigkeit. Lernen Sie also maßhalten, sowohl ganz konkret in Ihrer Einstellung zu den leiblichen Genüssen, damit Sie keine Gewichtsprobleme bekommen und den Organismus nicht überlasten, als auch in den Ansprüchen, die Sie an sich und andere stellen. Bemühen Sie sich um eine Ausgewogenheit Ihrer Lebensführung und Ihrer Psyche, die Ihr leibseelisches Wohlbefinden sichert und Ihre Lebensfreude steigert. Sie wird auch Ihrer inneren Stabilität zugute kommen, sodass die Gefahr psychosomatischer Erkrankungen dadurch deutlich verringert wird.

Der Schütze und sein Beruf

Optimismus, Weitblick und Erfolg – das sind die Schlüsselworte Ihrer Schütze-Energie, die auch für Ihren Beruf gelten. Sie schäumen über vor Tatkraft und nehmen Ihr Leben selbst in die Hand. Etwas anderes können Sie sich gar nicht vorstellen. Der Beruf hat einen zentralen Platz in Ihrem Leben. Ihr Motor ist der Drang nach Wissen und Erkenntnis. Das treibt Sie vorwärts. Sie möchten stets mehr wissen, neue Erfahrungen sammeln und in unerforschte Bereiche des Lebens eindringen. Niemals würden Sie sich mit dem bescheiden, was Sie haben, sondern Sie sehen optimistisch in die Zukunft, denn Sie spüren, dass dort große Dinge auf Sie warten.

Als typischer Vertreter Ihres Tierkreiszeichens sind Sie auf der Suche nach Antworten auf die Sinnfragen des Lebens. Sie brauchen Überzeugungen und verstehen es dabei hervorragend, andere mitzureißen. Ihre ureigensten Talente sind der Schlüssel für Ihren beruflichen Erfolg – Sie sind dynamisch, offen, optimistisch und eigenwillig. Für Führungspositionen sind Sie nahezu geboren. Dank Ihrer natürlichen Autorität, Ihrem Mut und visionärem Weitblick treffen Sie ins Schwarze.

Sie sind aber alles andere als ein Einzelgänger, auch wenn Sie selbstständig arbeiten. Vielmehr möchten Sie das Gefühl haben, Teil einer Gemeinschaft zu sein, obwohl Sie nicht vorhaben, im Abseits tätig zu sein. Als Schütze beobachten Sie Ihre Umwelt genau. Dabei haben Sie einen ironischen Blick und ein großes Maß an Einsicht und Intuition, mit dem Sie blitzschnell Folgerungen ziehen und Themen rasch erfassen. Es ist die

Welt des Geistes, die Sie fesselt. Auch wenn Sie Ihre Rolle auf der beruflichen Bühne glänzend spielen, treibt Sie tief in Ihrem Innern die Sehnsucht um, das Leben zu erforschen und zu verstehen. Egal, welchem Beruf Sie auch nachgehen – immer werden Sie versuchen, Ihr Bewusstsein zu vertiefen.

Es wird Ihnen nicht genügen, durch Ihren Beruf zu Geld und Ansehen zu kommen, sondern er muss Sie innerlich erfüllen. Sie wollen etwas erreichen, um Spuren zu hinterlassen. Dabei haben Sie immer das Wohl der Allgemeinheit im Blick. Als Schütze brauchen Sie Aufgaben, die Ihrem Forscherdrang und Ihrem Bedürfnis nach Unabhängigkeit gerecht werden. Das Wort Toleranz wird bei Ihnen großgeschrieben.

Ihr Selbstvertrauen und Ihr Optimismus sind fast unerschütterlich. Dadurch können Sie anderen ein gutes Vorbild sein, schließlich gehen von Ihnen wichtige Denkanstöße aus. Niemand stört sich an Ihrer Führerrolle, denn Sie vermitteln Ihre Botschaften überzeugend. Sie erteilen keine Befehle, sondern geben Ratschläge und haben es gern, wenn diese befolgt werden. Als Chef sind Sie gerecht, entscheidungsfreudig und verantwortungsbewusst, aber Sie erwarten von Ihren Mitarbeitern Respekt. Als typischer Schütze brauchen Sie einen großen Entscheidungsspielraum, den Sie dann auch Ihren Mitarbeitern und Angestellten gewähren. Als Chef können Sie gut organisieren, repräsentieren und leider auch missionieren. Da die Schreibtischarbeit Sie schnell anödet, sind Sie viel unterwegs – aber vermutlich verlassen Sie sich voll und ganz auf Ihre Mannschaft.

Der Schütze ist ein Feuerzeichen. Das Feuer steht für Dynamik, Energie und Antriebskraft. Es besitzt die Kraft der Veränderung und verwandelt Materie in Energie. Es kann Wärme erzeugen, aber auch unkontrolliert und zerstörerisch sein.

Medizin: Unter den im Tierkreiszeichen Schütze Geborenen gibt es viele Ärzte, Tierärzte, Therapeuten, Krankenpfleger, Krankenschwestern und Heilpraktiker.

Finanzen: Mit seinem unternehmerischen Geist versteht es der Schütze hervorragend, mit Geld umzugehen: Unternehmer, Manager, Betriebswirt, Bankkaufmann bzw. Bankkauffrau, Buchhalter, Kassierer, Budgetverwalter.

Unterhaltung: Schauspieler, Tänzer, Kabarettist, Alleinunterhalter, Showmaster, aber auch Talent-Scout, Casting und Agent

Justiz: Rechtsanwalt, Staatsanwalt, Notar, Richter, Kanzleiangestellter, Mediator und Sozialarbeiter im Bereich Resozialisierung

Erziehung: Philosoph, Universitätsprofessor, Dozent, Seminarleiter, Lehrer

Reisen: Reisebüroleiter, Hubschrauberpilot, Expeditionsteilnehmer

Sport: Profisportler, Trainer, Masseur, Physiotherapeut, Sportmediziner

Sprache: Journalist, Quizmaster, Moderator, Dolmetscher, Reporter, Sonder- und Auslandskorrespondent

Der Schütze in seiner Freizeit

Zu sportlichen Betätigungen müssen Sie sich nicht aufraffen wie so mancher Zeitgenosse, sie liegen Ihnen förmlich im Blut. Wie bei den anderen Feuerzeichen Widder und Löwe ist Bewegung für Sie ein Grundbedürfnis – und das möglichst in der Natur, denn Sie lieben es, sich zu entfalten. Fitnessstudios oder Schwimmbäder sind nicht nach Ihrem Geschmack, da fühlen Sie sich schnell beengt. Es ist Ihr natürlicher Impuls, einfach loszulaufen hinaus in die Weite oder im Meer zu schwimmen. Es gibt viele Sportarten, die Ihnen liegen – vom Weitsprung, Speerwerfen über Bogenschießen bis zum Diskuswerfen. Es geht Ihnen dabei nicht unbedingt ums Gewinnen oder eine Konkurrenzsituation, die Sie anstachelt, sondern Sie möchten sich körperlich spüren. Besonders gut eignet sich für Sie das Reiten, wo Sie einfach über Felder und Wiesen galoppieren. Etwas exklusiver ist das Polospiel, aber das können Sie sich für den nächsten Urlaub aufsparen, der bestimmt bald vor der Tür steht. Auch Skifahren oder Snowboarden könnten Ihr Gefallen finden.

Gern unternehmen Sie in Ihrer Freizeit Spaziergänge in der freien Natur. Wanderungen in den Bergen sind ein besonderes Wochenendvergnügen für Sie. Es ist wichtig für Sie, dass Sie von Zeit zu Zeit das Gefühl bekommen, die engen Grenzen des Alltags überwunden zu haben, und wo wäre das eher möglich als in der Natur, wo Sie nur den Himmel über sich und ein wunderbares Landschaftspanorama vor Augen haben? Sie brauchen die Vogelperspektive, um sich frei zu fühlen.

Wie wäre es mit einer Ballonfahrt oder einer Runde im Segelflugzeug?

Da Sie nicht 365 Tage im Jahr auf Reisen sein können (was Sie am liebsten möchten), trösten Sie sich mit entsprechender Literatur. Bestimmt steht Marlo Morgans Bestseller »Traumfänger« in Ihrem Bücherschrank. Die authentische und spannend erzählte Geschichte einer mutigen Frau, die mit den Aborigines drei Monate lang durch den australischen Busch gewandert ist, und in die Geheimnisse und Weisheiten eines sehr alten Stammes eingeweiht wurde, weckt sicherlich Neidgefühle bei Ihnen, denn ein solches Erlebnis wäre ganz nach Ihrem Geschmack. Aber auch Bruce Chatwins Reiseberichte »In Patagonien« oder »Traumpfade« lösen bei Ihnen Fernweh aus. Gern machen Sie es sich abends am Kamin oder auf dem Sofa mit einem Glas Wein bequem und lesen »Geo«, wobei Sie sich vorstellen, durch die Sahara zu wandern.

Natürlich werden die Werke großer Philosophen in Ihrer Bibliothek zu finden sein, denen Sie sich immer wieder widmen. Hermann Hesses »Siddharta« oder »Der Steppenwolf« gehören sicherlich zu Ihren Lieblingsbüchern.

Was Ihre ästhetischen Vorlieben anbelangt, fühlen Sie sich vermutlich zur plakativen Malerei eines Andy Warhol hingezogen, die sich durch großzügige Farbgebung und ausdruckstarke Formen auszeichnet. Vielleicht haben Sie ja eine Reproduktion seines berühmten Marilyn-Monroe-Porträts bei sich hängen.

Da Sie gern Menschen um sich haben, sollten Sie öfter Freunde zu sich nach Hause einladen. Denn zu

Ihren astrologischen Charaktereigenschaften gehört die Freude am Genuss. Sie essen gern, manchmal auch maßlos, wozu immer ein guter Tropfen gehört. In Ihnen steckt ein echter Bonvivant, der die sinnlichen Freuden des Lebens auskostet.

Da Sie die Neigung verspüren, anderen helfen zu wollen, könnten Sie sich in Ihrer Freizeit auch ehrenamtlich in einer karitativen Organisation engagieren.

Dem geschriebenen und gesprochenen Wort gehört ebenfalls Ihre Leidenschaft. Besorgen Sie sich ein Tagebuch und gewöhnen Sie sich an, abends Ihren Tag Revue passieren zu lassen. Was war wichtig, was überflüssig, in welchen Situationen und von welchen Menschen haben Sie geistige Impulse empfangen? Die Notizen sind eine hervorragende Möglichkeit, den eigenen Standpunkt und Bedürfnisse zu klären, die für Sie notwendig sind. Außerdem bieten sie die Chance, sich in einem ruhigen Moment wieder zu erden.

Wenn Sie einmal ganz ausgelassen entspannen wollen, sollten Sie sich aufraffen und ein Musical anschauen. Jede heitere und unterhaltsame Kunstform bildet ein hervorragendes Gegengewicht zu Ihren philosophischen Interessen. Sie sollten es sich von Zeit zu Zeit gönnen, auch mal richtig Spaß zu haben. Dazu bieten sich Theater, Tanz, Film und Kabarett an. Hand aufs Herz: Wann waren Sie das letzte mal im Kino? Na sehen Sie, dann wird es höchste Eisenbahn.

Musik ist ebenfalls eine wunderbare Gelegenheit, die Seele baumeln zu lassen. Auch bei Klängen schöpfen Sie aus dem Vollen: Sicherlich hören Sie gern Beethovensymphonien, aber auch Musik mit religiöser

Anmutung wie Bachs Orgelwerke. Wenn es ein wenig moderner sein soll, dann besorgen Sie sich eine Glenn-Miller-CD, aber auch eine Band wie »Queen« könnte nach Ihrem Geschmack sein.

Egal wie Sie als Schütze Ihre Freizeit genießen – tun Sie es grenzenlos!

Reise-Horoskop für den Schützen

Als optimistischer, geselliger und lebensfroher Zeitgenosse rauschen Sie förmlich durchs Leben. Sie lieben es nun mal, Ihren Horizont zu erweitern – sei es durch geistig-philosophische Lektüre oder durch Reisen.

Sie sind ein wahrer Weltenbummler – Reisen ist für Sie fast so elementar wie essen und trinken. Es zieht Sie in die Ferne, das Exotische reizt Sie mehr als die europäischen Nachbarländer. Sie möchten entdecken, in fremde Kulturen eintauchen und dabei immer etwas Neues lernen. Und wenn das Ganze mit Abenteuer und Risiko verbunden ist, umso besser!

Außerdem lieben Sie es, zu Hause neben interessanten Mitbringseln auch spannende Geschichten zum Besten zu geben. Sie sind ein unkomplizierter Reisender, der sich in einer Strandhütte in Thailand ebenso wohlfühlt wie in der Präsidentensuite in Oman.

Wenn Sie verreisen, ist es für Sie wichtig, dass Sie immer Möglichkeit zu sportlicher Aktivität haben, und das am besten in der freien Natur. Reiten, Golf und Kajakfahren könnten Sie begeistern. Aber auch ein Segeltörn lässt Ihr Herz höherschlagen.

Entschließen Sie sich zu einem Trip durch die Sahara, die Heimat der Beduinen. Die Mentalität der Nomaden dürfte Ihnen nicht wesensfremd sein, denn auch Sie zieht es immer vorwärts. Aber auch eine Erlebnistour durch die westaustralische Wüste könnte Ihren Geist inspirieren, besonders am frühen Morgen oder zum Sonnenuntergang, wenn sich tiefe Schatten über die goldfarbenen, endlosen Sandebenen legen.

Ganz nach Ihrem Geschmack dürfte auch eine Safari in Afrikas faszinierender Landschaft und Tierwelt sein, die Ihrem Bedürfnis nach Abenteuer und Entdeckungslust entgegenkommt.

Als typischer Vertreter Ihres Sternzeichens lieben Sie frische Luft und Bewegung. Wenn es Sie normalerweise in exotische Länder zieht, sollten Sie sich mit eigenen Augen von den reizvollen Landschaften in der Nähe überzeugen. Kanurafting in österreichischen Wildwassern oder Freeclimbing in den Alpen wären hervorragende Möglichkeiten, Ihren Freiheitsdrang mit sportlichen Aktivitäten zu verbinden.

Sie lieben nicht nur die Natur, sondern können sich auch für monumentale Architektur begeistern. Planen Sie fürs nächste Jahr eine Indienrundreise, bei der Sie das Taj Mahal und die Paläste der Maharadschas bewundern können, oder besuchen Sie die alten Stätten der Azteken in Mexiko. Wenn Ihnen das zu kostspielig ist, buchen Sie einen Flug nach Athen, und genießen Sie den Sonnenuntergang auf der Akropolis.

So fühlt sich der Schütze wohl

Das Element des Schützen ist das Feuer, sein Planet Jupiter, und seine Temperamentstruktur cholerisch. Seine Jahreszeit umfasst den Winter.

Farben

Seine astrologische Farbpalette erinnert an einen Sonnenuntergang im Januar.

Violett ist zu gleichen Teilen aus Rot und Blau gemischt. Es gilt als Farbe des Gleichgewichts zwischen Himmel und Erde, Materie und Geist, Leidenschaft und Verstand. Violett steht für den Ausgleich der Gegensätze. Die Farbe wirkt aber auch extravagant, individualistisch und ein wenig künstlich, denn sie kommt in der Natur nur selten vor. Sie steht gemeinhin für Erfolg, Idealismus, große geistige Fähigkeiten und den Fortschritt. Die feministische Bewegung hat sie zu ihrer Farbe erkoren, aber sie wird auch in der christlichen Kirche verwendet. Violett ist eine mächtige Farbe, deren Energien schwer zu handhaben sind. Sie drückt eine typische Schütze-Befindlichkeit aus, nämlich zwischen Maßlosigkeit und Erhabenheit zu schwanken.

Braun erinnert uns in allen Schattierungen an die Erde. Es bedeutet Stabilität und Sicherheit. Braun in Kombination mit Blau und Violett schenkt dem Schützen einen verlässlichen Boden, auf dem er seine immensen Potenziale wie Optimismus, Tatendrang,

Durchsetzungsfähigkeit, Begeisterung, Mut und Intelligenz ins Leben holen kann. Diese Farbe erinnert ihn auch immer daran, dass er sich erden muss, wenn er seine hoch gesteckten Ziele erreichen will.

Blau ist die Farbe des weiten Himmels, der sich über der Natur wölbt. Sie verleiht der Fantasie Flügel, schafft Raum zum Nachdenken und Luft zum Atmen. Blau nährt und stärkt den Wunsch des Schützen nach uneingeschränkter Entfaltung.

Wenn Sie sich in Ihrer Wohnung mit Accessoires oder Gegenständen in diesen Farben umgeben, werden Sie schon bald eine entsprechende Stimmung spüren. Sie können dies durch Bilder oder Poster an der Wand tun, eine Vase mit Blumen oder Sofakissen in den erwähnten Farben. Je nachdem, wie intensiv Sie diese Farben einsetzen, können Sie eine wohltuende Atmosphäre erzeugen.

Wenn Sie die Stimmung und das Verhalten Ihrer Umgebung im Sinne Ihres Tierkreiszeichens beeinflussen möchten, wählen Sie Ihre Kleidungsstücke in den Schütze-Farben aus. Man sollte es aber nicht übertreiben. Oft genügen Accessoires wie ein Schal, ein Schmuckstück oder ein einzelnes Kleidungsstück.

Der Schütze in seinen vier Wänden

Unsere Wohnung ist unser Rückzugsort, an dem wir entspannen, loslassen und ganz wir selbst sein können. Deshalb ist es wichtig, dass wir sie unseren Bedürfnissen und auch astrologischen Charaktereigenschaften entsprechend gestalten, um uns wohlzufühlen. Als Schütze bevorzugen Sie weite Räume in Ihrer Wohnung. Das Ambiente sollte lichtdurchflutet sein und luftig wirken. Natürlich wäre hier ein Loft ideal. Sie sind nicht nur ein unabhängiger, impulsiver, begeisterungsfähiger Mensch, sondern auch noch reiselustig. Das kann jeder Besucher erkennen, wenn er Ihre Wohnung betritt, wo sich ein Sammelsurium an Mitbringseln seinem Blick darbietet. Ihre Einrichtung strahlt eine wohltuende Behaglichkeit aus, ohne erdrückend zu wirken. Vielleicht besitzen Sie einen edlen Schrank im Shaker-Stil, dessen rötlich brauner Holzton wunderbar mit der königsblauen Wand in Ihrem Wohnzimmer harmoniert. Blau steht für unbegrenzte Dimensionen und ist damit die Schütze-Farbe par excellence. Das Sofa hat einen Bezug aus Segeltuchleinen, den man abnehmen und in die Waschmaschine stecken kann. Auf den pflegeleichten Fliesen steht ein ausladender runder Esstisch, der signalisiert, dass Gäste immer herzlich willkommen sind. Weiß ist eine Farbe, die die Konzentration fördert. Verwenden Sie sie in einigen Räumen. Wenn Sie sich entspannen wollen, ist Gelb die Farbe der Wahl. Stimulierend auf die Sinne wirkt ein fruchtiges Orangerot, aber setzen Sie es sparsam ein – als Kissen oder Farbakzent in einem Bild.

Achten Sie darauf, dass Sie möglichst leichte, luftige Stoffe als Vorhänge benutzen. Zeigen Sie Gästen, dass Sie weltoffen sind, und rücken Sie ausgewählte Objekte von Ihren Reisen ins rechte Licht.

Als Schütze lieben Sie klare und ausdruckstarke Formen – den wuchtigen Tonkrug wie die schlanke

Designervase. Überflüssige Schnörkel und Verzierungen stören. Als Materialien bevorzugen Sie edle und solide Naturstoffe, von Mahagoni und Zedernholz über Marmor bis hin zu Terrakotta. Man sieht diesen Materialien an, dass sie echt sind.

Wie Sie sich als Schütze auch einrichten – Ihre Wohnung sollte Ihnen ein Gefühl von Freiheit und Grenzenlosigkeit vermitteln!

Die Tierkreiszeichen und ihre symbolischen Zuordnungen

Tierkreiszeichen	Planet	Farben	Metall
Widder	Mars	Rot, Kadmiumgelb	Eisen
Stier	Venus	Gelb, Pastellblau, Hellgrün	Kupfer
Zwillinge	Merkur	Violett, Safrangelb	Quecksilber
Krebs	Mond	Grün, Silber, Weiß	Silber
Löwe	Sonne	Orange, Gold, Gelb	Gold
Jungfrau	Merkur	Violett, Hellblau, Weiß	Quecksilber
Waage	Venus	Gelb, Pink, Pastelltöne	Kupfer
Skorpion	Mars	Rot, Braun, Schwarz	Eisen
Schütze	Jupiter	Blau, Purpur, warmes Braun	Zinn
Steinbock	Saturn	Indigo, Dunkelgrün Schwarz, Brau	Blei
Wassermann	Uranus	Indigo, Violett, irisierende Farben	Blei, Aluminiu Radium
Fische	Neptun	Blau, Violett, Weiß, schillernde Farben	Platin, Zinn

Edelsteine	Zahlen	Wochentag
bin, Jaspis, Granat, Diamant, nethyst	Neun	Dienstag
nat, Smaragd, Saphir, Lapislazuli, rkis, Karneol	Fünf und Sechs	Freitag
pas, Bergkristall, Aquamarin, ldberyll	Fünf	Mittwoch
stall, Smaragd, Opal, Mondstein, len	Zwei und Sieben	Montag
bin, Diamant, Hyazinth, Gold-pas, Tigerauge	Eins und Vier	Sonntag
bis, Achat, Karneol, Topas, malin	Fünf	Mittwoch
amant, Beryll, Lapislazuli, Türkis, ralle, Perlen	Fünf und Sechs	Freitag
pas, Malachit, Jaspis, Rubin, donyx	Neun	Dienstag
nkelblauer Saphir, Türkis, ethyst, Lapislazuli, Granat	Drei	Donnerstag
yx, Gagat, Chalzedon, Karneol, rysopras, schwarze Perlen	Acht und Fünfzehn	Samstag
phir, Amethyst, Bernstein, uamarin, Chalzedon	Acht und Fünfzehn	Samstag
rysolith, Saphir, Topas, Opal, lmutt, Kristalle	Drei	Donnerstag

Der Einfluss des Aszendenten

Die Astrologen. Titelbild von 1596

Der Aszendent, d. h. das Tierkreiszeichen, das im Augenblick der Geburt am östlichen Horizont steht, ist wegen seiner starken Prägekraft ungemein wichtig; zusammen mit dem Sonnenzeichen liefert er die bedeutsamsten Aussagen, die sich aus einem Geburtshoroskop ableiten lassen. Ohne Berücksichtigung des Aszendenten sind individuelle Deutungen nur unvollkommen.

Um Ihren persönlichen Aszendenten ermitteln zu können, müssen Sie natürlich wissen, zu welcher Zeit Sie geboren sind, weil im Laufe eines Tages alle zwölf Tierkreiszeichen am Osthorizont aufgehen. In dem Kapitel »Mein persönlicher Aszendent« können Sie nachlesen, wie Sie Ihre Geburtszeit in Ortszeit umrechnen. Dann brauchen Sie nur noch auf der Grafik

Ihres persönlichen Geburtsdatums bei der ermittelten Zeit Ihren Aszendenten abzulesen.

Der Aszendent ist die Grundlage von Aussagen, die individueller sind als die nur aus dem Sonnenstand abgeleiteten, denn während das Sonnenzeichen Schütze allen Menschen gemeinsam ist, die zwischen Ende November und Ende Dezember geboren sind, wird der Aszendent durch den Zeitpunkt und den Ort der Geburt jedes Einzelnen bestimmt. Seine volle Bedeutung gewinnt er freilich erst bei gradgenauer Festlegung als Richtpunkt jenes Häusersystems, das als »Feinraster« für alle Gestirnstände und Konstellationen im Geburtshoroskop ganz persönliche Deutungsmöglichkeiten bietet. Die hierfür erforderlichen Berechnungen und die daraus abzuleitenden Aussagen müssen wir allerdings den Fachastrologen überlassen.

Der Aszendent beeinflusst die Prägung durch das Sonnenzeichen mehr oder weniger stark, kann bestimmte Tendenzen verstärken oder abschwächen. Inwieweit dies bei Ihnen der Fall ist, können Sie in diesem Kapitel nachlesen.

Aszendent Widder

Sie sind stark extravertiert, sind offen für Eindrücke und Einflüsse von außen, aber auch Ihrerseits bereit, sich der Umwelt zu öffnen. Da Sie stark verstandesorientiert sind, vollzieht sich dieser Austausch vornehmlich auf der intellektuellen und weniger auf der Gefühlsebene: Sie sind zwar gesprächsbereit, aber mit Gefühlsäußerungen halten Sie sich zurück. Sie sind aufnahmebereit und auf eine stete Horizonterweiterung bedacht, sind ungemein reisefreudig und lieben vielfältige zwischenmenschliche Kontakte. Diese vermitteln Ihnen neue Anregungen, ermöglichen Ihnen aber auch eine Selbstdarstellung, die Ihr Selbstwertgefühl hebt. Sie geben sich offen und freundlich, sind höflich und hilfsbereit, neigen jedoch zu einer unbedachten Impulsivität, mit der Sie sich schaden können, besonders wenn Sie allzu unverblümt Ihre häufig recht unkonventionellen Meinungen äußern. Klug berechnende Diplomatie ist nicht Ihre Sache; Sie lieben Direktheit und Geradlinigkeit. Nicht immer so geradlinig sind Sie allerdings bei der Verfolgung Ihrer Ziele, denn Ihre Interessenvielfalt kann zu einer Zersplitterung Ihrer Kräfte führen; wenn Neues Ihre Aufmerksamkeit fesselt, kommt es durchaus vor, dass Sie Begonnenes kurzerhand aufgeben. Ein Neuanfang fällt Ihnen nicht schwer, denn Sie können sich verhältnismäßig rasch auf veränderte Gegebenheiten und Aufgaben einstellen, ja, empfinden einen solchen Wechsel als belebende Herausforderung. Eingefahrene Geleise und Routinen liegen Ihnen wenig, nicht nur bei der Arbeit, sondern auch im Alltagsleben und in zwischenmenschlichen Beziehungen. Wenn etwas Ihre Aufmerksamkeit nicht mehr fesselt, Ihnen keine neuen Anregungen mehr gibt, sind Sie rasch bereit sich davon zu trennen, sei es von einer Arbeitsstelle oder von einem Partner.

Aszendent Stier

Der Einfluss dieses Tierkreiszeichens verleiht Ihnen mehr Beständigkeit und Ausdauer. Ihr wacher, ungemein reger Verstand wird durch ein intuitives Gespür ergänzt, das Ihnen mehr Sensibilität verleiht und Ihnen in vielen Lebenslagen zugute kommt. Sie zeigen mehr Geduld und Einfühlungsvermögen, haben nicht nur einen scharfen Blick, sondern auch viel Fingerspitzengefühl. Bei Ihren Planungen beschränken Sie sich nicht auf den »großen Wurf«, sondern kümmern sich auch um Einzelheiten, sind auf eine bessere Absicherung der Etappen bedacht, auf denen Sie Ihre Ziele erreichen. Insgesamt sind Sie gründlicher und gewissenhafter als der »reine« Schütze-Typ, legen mehr Wert auf eine angenehm-komfortable Häuslichkeit. Zwar brauchen Sie stets die wechselvollen Anregungen vielfältiger Kontakte, doch sind Sie auch durchaus fähig und bereit, sich auf Ihr unmittelbares Umfeld und auf die Ihnen nahestehenden Menschen zu konzentrieren. Sie sind ziemlich zielstrebig und selbstbewusst und verfügen über ein beträchtliches Kräftepotenzial. Wohlüberlegte Planung bewahrt Sie vor voreiligen Impulshandlungen und vor unkalkulierbaren Risiken und damit vor manchem Schaden. Gelegentlich sind Sie sehr eigenwillig und beharren aus purem Oppositionsgeist auf unhaltbaren Standpunkten. Von Misserfolgen lassen Sie sich in Ihrem sonnigen Optimismus nicht übermäßig beeindrucken, durch Schwierigkeiten fühlen Sie sich herausgefordert. Konflikte beschwören Sie zwar nicht mutwillig herauf, stellen sich ihnen jedoch mit viel Selbstsicherheit. Sie verstehen es, Ihre Interessen zu wahren, tun dies allerdings nur selten auf Kosten anderer.

Aszendent Zwillinge

Sie sind sehr offen für die Umwelt und Ihre Mitmenschen. Das bedeutet, dass Sie einerseits sehr empfänglich für Eindrücke von außen und dadurch stark beeinflussbar sind und andererseits von sich aus viel dazu tun, um Kontakte zu knüpfen und zu unterhalten. Sie sind ausgesprochen umgänglich, gesellig und mitteilungsfreudig, fühlen sich unter Menschen sehr viel wohler als im stillen Kämmerlein und brauchen zur Stabilisierung Ihres Selbstwertgefühls die Beachtung und Anerkennung durch die Umwelt. Sie sind wendig und impulsiv, doch die Vielfalt Ihrer Interessen mindert Ihre Konzentrationsfähigkeit; sehr ausdauernd und gründlich sind Sie meist nicht, und auch in Ihren Zielsetzungen sind Sie gelegentlich ziemlich sprunghaft. Da Ihr Kräftepotenzial begrenzt ist, verlegen Sie sich klugerweise auf geschicktes Taktieren, bei dem Ihnen Ihr unkonventioneller Ideenreichtum manchen Vorteil sichert, und verzichten darauf, Interessen mit Gewalt durchsetzen zu wollen. Bei Widerständen geben Sie allerdings nicht klein bei, sondern können einen überraschenden Kampfgeist entwickeln und mehr Selbstsicherheit zur Schau tragen, als Sie tatsächlich haben, denn wegen Ihrer starken Beeinflussbarkeit sind Sie leicht zu verunsichern und entwickeln dann lähmende

Selbstzweifel, wovon ein Außenstehender in der Regel allerdings nur wenig merkt. Materielle Sicherheit wissen Sie zu schätzen, doch steht sie selten im Vordergrund Ihrer Interessen. Sonderlich geschäftstüchtig und besitzergreifend sind Sie nicht; manchmal haben Sie Mühe, Erworbenes zusammenzuhalten. Meist sind Sie nicht kleinlich, weder sich selbst noch Ihren Angehörigen, Freunden oder Bekanntem gegenüber.

Aszendent Krebs

Der Einfluss dieses Aszendenten dämpft Ihre oft unbedachte Impulsivität, verleiht Ihnen mehr vorsichtige Besonnenheit und ergänzt Ihren wachen, scharfen Intellekt durch ein intuitives Gespür für unterschwellige Strömungen und sich anbahnende Entwicklungen. Sie geben sich im zwischenmenschlichen Umgang verhaltener als der »reine« Schütze-Typ, sind ein kritischer Beobachter und gehen nicht ganz so offen und direkt auf die Mitmenschen zu. Da Sie nicht nur intellektuell, sondern auch auf der Gefühlsebene sehr aufnahmebereit und ansprechbar sind, sind Sie beeinflussbar und hängen in Ihren Stimmungen häufig vom Verhalten Ihrer Umwelt ab. Sie brauchen die Anerkennung und den Beifall der Mitmenschen als Ansporn für Ihre Leistungsbereitschaft und lassen sich durch negative Reaktionen verunsichern und in Selbstzweifel stürzen. Da Ihr Energiepotenzial begrenzt ist, fehlt es Ihnen manchmal an Durchsetzungsvermögen und Ausdauer; bei Hindernissen und Schwierigkeiten geben Sie vorschnell auf. Nicht selten erreichen Sie weit weniger, als Sie aufgrund Ihrer Fähigkeiten könnten, weil Sie sich unterschätzen, sich zu wenig zutrauen und dadurch Ihr Leistungsvermögen von vornherein einschränken. Dabei haben Sie viele positive Eigenschaften, die, ziel- und planvoll eingesetzt, Ihnen zum Erfolg verhelfen können. Wichtig für Sie sind eine realistische Einschätzung Ihrer Möglichkeiten, eine darauf aufbauende Zielsetzung und die Unterteilung des Wegs zum Ziel in überschaubare Etappen, deren Erreichen Ihnen immer wieder die für Sie notwendigen Erfolgserlebnisse bringt, damit Schwung und Leistungswillen nicht erlahmen. Menschlich sind Sie ein interessanter, anregender und auch leidenschaftlicher Partner.

Aszendent Löwe

Sie treten der Umwelt mit großem Selbstbewusstsein gegenüber, sind offen für von außen kommende Impulse, wollen jedoch in erster Linie Ihrerseits auf die Menschen und Ereignisse in Ihrem Leben einwirken. Aufgeschlossen, unkonventionell und kenntnisreich, sind Sie sehr kontaktfreudig, wobei Sie sich gern im Mittelpunkt des Interesses sehen. Sie trauen sich recht viel zu und scheuen nicht davor zurück, Verantwortung zu übernehmen. Freilich neigen Sie dabei gelegentlich zur Selbstüberschätzung, denn Ihr Kräftepotenzial ist nicht so groß, wie Sie glauben und glauben machen wollen, und Gründlichkeit und Ausdauer zählen meist nicht zu Ihren Stärken. Dennoch können

Sie mit viel Schwung und Wagemut andere von der Berechtigung Ihres Führungsanspruchs überzeugen und eigene Schwächephasen überbrücken. Schwierige Probleme stacheln Ihren Ehrgeiz an und mobilisieren Ihre Reserven: Sie wachsen mit den Aufgaben, und deshalb hat Ihre optimistische Selbstsicherheit durchaus ihre Berechtigung. Hohe Anforderungen stellen Sie nicht nur an sich selbst, sondern auch an Partner und Mitarbeiter; wenn diese Ihren Ansprüchen nicht gerecht werden, zeigen Sie wenig Verständnis und Geduld. Insgesamt sind Sie wenig einfühlsam, weil Sie sich fast ausschließlich von Ihrem Verstand leiten lassen und Ihre Urteile vorwiegend auf Vernunftkriterien gründen. Großen Wert legen Sie privat und in der Arbeitswelt auf persönliche Freiräume, lehnen Bevormundung und Gängelung ab. Bei Ihrem Tun sind Ihnen Anerkennung und Geltung wichtiger als materieller Gewinn. Mit Geld haben Sie nicht unbedingt eine glückliche Hand, da Sie manchmal übertrieben risikobereit und anderen gegenüber oft unbedacht großzügig sind.

Aszendent Jungfrau

Der Einfluss dieses Aszendenten macht Sie verhaltener und vorsichtiger, zügelt unbedachte Abenteuerlust und mindert die Gefahr voreiliger Impulshandlungen, mit denen Sie sich und anderen schaden. Überlegter und kritischer sind Sie in Ihren Planungen, bei denen Sie nicht nur weitgesteckte Ziele fixieren, sondern sich auch gründlich Gedanken über die Wege machen, die dorthin führen, und dabei Details nicht aus dem Auge verlieren. Planvoller ist auch insgesamt Ihr Handeln; Sie gehen mit Methodik vor, versuchen unkalkulierbare Risiken nach Möglichkeit auszuschließen. Diese Systematik lähmt freilich nicht Ihre Tatkraft und befähigt Sie, Ihr Kräftepotenzial konzentriert einzusetzen, sodass Ihr Mangel an Geduld und Ausdauer weniger ins Gewicht fällt. Insgesamt bedeutet dies, dass Sie mehr Effizienz gewinnen und mit größerer Wahrscheinlichkeit die gesteckten Ziele erreichen. Ihre manchmal allzu direkte, nicht selten verletzende Offenheit wird durch diplomatischere, den eigenen Nutzen stärker im Auge behaltende Vorsicht abgeschwächt, doch lehnen Sie faule Kompromisse ab. Sie sind auf Eigenständigkeit bedacht, wollen möglichst freie Hand haben, wenn Sie Aufgaben übernehmen. Meist sind Sie sehr vielseitig, weil angeborene Neugier Sie dazu drängt, auf möglichst vielen Gebieten Wissen und Fähigkeiten zu erwerben. Sie können sich klar und logisch ausdrücken, sind ein interessanter Gesprächspartner und in Debatten mit Ihrer geistigen Wendigkeit und Ihrem raschen Reaktionsvermögen ein unbequemer Widersacher. Gefühle äußern Sie nur selten, wirken nach außen eher unterkühlt, doch wenn Sie sich in einer engen Bindung ganz öffnen, wird eine überraschende Leidenschaftlichkeit offenbar.

Aszendent Waage

Ihre dynamische Impulsivität wird durch einen wachen, kritischen Verstand gezügelt, der Sie vor unbedachten Abenteuern bewahrt und Ihre Risikobereitschaft dämpft. Dennoch wirken Sie nicht sonderlich verhalten, gehen offen auf die Mitmenschen und die Umwelt zu, suchen vielfältige Kontakte und regen Gedankenaustausch. Neues und Außergewöhnliches reizt Sie ungemein, Herausforderungen jeder Art, an denen Sie Ihre Kräfte und Fähigkeiten messen können, nehmen Sie bereitwillig an, denn Sie haben sehr viel Selbstvertrauen und Mut, obwohl ihr Kräftepotenzial nicht übermäßig groß ist. Da Ihr Durchsetzungsvermögen begrenzt ist, versuchen Sie, Hindernisse und Schwierigkeiten nach Möglichkeit von vornherein durch weitsichtiges Planen auszuschalten, und wenn Sie in Konfliktsituationen kommen, sind Sie bemüht, durch vernünftige Kompromisse kräftezehrende Auseinandersetzungen zu vermeiden. Sie bieten viel gesunden Menschenverstand auf, um möglichst geradlinig und reibungsarm Ihre Ziele ansteuern zu können. Viel liegt Ihnen an Anerkennung und sichtbarem Erfolg, doch kommen Sie selten in die Versuchung, dies auf Kosten anderer erreichen zu wollen; Gerechtigkeit und Fairness gelten Ihnen viel. Den Mitmenschen gegenüber sind Sie umgänglich, freundlich und hilfsbereit, doch zeigen Sie nur wenig Gefühle und lehnen im Alltagsleben offene Gefühlsäußerungen ab. In dieser Hinsicht wahren Sie bei aller Kontaktwilligkeit stets eine gewisse Distanz. Enge Bindungen, in denen auch Gefühle mitsprechen, reservieren Sie für einige wenige Menschen, sodass Sie meist viele Bekannte, aber nur spärliche gute Freunde haben, denen Sie ein auf Harmonie bedachter, aber auch gefühlsstarker und leidenschaftlicher Partner sind.

Aszendent Skorpion

Sie sind deutlich zurückhaltender und ichbezogener als der »reine« Schütze-Typ, sind auf gewisse vorsichtige Distanz zu den Mitmenschen und der Umwelt bedacht, schotten Ihr Gefühlsleben sorgfältig gegen fremde Neugier ab. Dennoch geben Sie sich im alltäglichen Umgang verbindlich und freundlich, sind keineswegs kontaktscheu und finden als interessanter Gesprächspartner mit weitem Horizont viel Anklang. Sie schätzen die belebenden Impulse, die Sie aus Ihrer Umgebung erhalten, und verstehen es oft geschickt, solche Anregungen aufzugreifen und für Ihre eigenen Zielsetzungen zu verwenden. Mit praktischem Wirklichkeitssinn stecken Sie Ihre Ziele im Bereich des Ihnen konkret Möglichen ab, lassen sich nicht von vagen Wunschvorstellungen, sondern von handfesten Nützlichkeitserwägungen leiten, sodass Sie den von Ihnen erstrebten beruflichen und sozialen Status Schritt für Schritt erreichen. Sie sind nicht auf eine Blitzkarriere aus, sondern legen Wert auf eine stabile Absicherung aller Etappen, damit Ihnen unliebsame Überraschungen erspart bleiben, denn Misserfolge und Enttäuschungen machen Ihnen mehr zu schaffen, als Ihre nach außen zur Schau getragene Selbstsicherheit vermuten lässt. Allerdings sind Sie ziemlich zäh und können bei Schwierigkeiten starke Kräfte mobilisieren, um sie abzubauen. Sehr kompromissbereit sind Sie nicht, geschicktes diplomatisches Taktieren ist nicht Ihre Stärke. Sie wissen genau, was Sie wollen, und achten darauf, dass Ihre Interessen gewahrt bleiben, nehmen dabei jedoch auch Rücksicht auf die Belange anderer. Trotz Ihrer Verhaltenheit sind Sie in engen Bindungen ein gefühlsstarker, verlässlicher Partner, der allerdings häufig zu übertriebener Eifersucht neigt.

Aszendent Schütze

Wenn sich Sonne und Aszendent zum Zeitpunkt der Geburt im gleichen Tierkreiszeichen befinden, wird diese Prägekraft im Positiven wie im Negativen verstärkt. Sie zeichnen sich durch große geistige Wendigkeit und Offenheit gegenüber der Umwelt und den Mitmenschen aus. Ihre Interessen sind breit gestreut; Sie sind aufnahmebereit und auf stete Horizonterweiterung bedacht. Es fällt Ihnen leicht, sich auf neue Situationen einzustellen. Meist sind Sie ziemlich abenteuerlustig und suchen die Herausforderung, an der Sie sich messen können. Sie wirken sehr selbstsicher und trauen sich viel zu. Das dürfen Sie auch, denn in der Regel sind Sie schon früh darauf aus, sich vielfältige Kenntnisse und Fähigkeiten zu erwerben, sich einen möglichst großen Aktionsradius zu schaffen. Eingefahrene Geleise und Routineaufgaben liegen Ihnen wenig;

wenn Sie dazu gezwungen werden, zeigt sich Ihr Energiepotenzial ebenso begrenzt wie Ihre Ausdauer. Ihre Selbstsicherheit macht Sie offen und direkt; auf berechnende Diplomatie und höfliche Lügen glauben Sie verzichten zu können. In Konfliktsituationen verlassen Sie sich statt dessen auf Ihren wendigen Geist und Ihre flinke Zunge. Mit dieser Geradlinigkeit ecken Sie allerdings häufig an und machen sich manches unnötig schwer. Sie vergeben sich nichts, wenn Sie sich kompromissbereiter zeigen und auch einmal zurückstecken. Als vorwiegend verstandesorientierter Mensch zeigen Sie nur wenig Mitgefühl und Einfühlungsvermögen, doch sind Sie in engen Bindungen auf das Wohlergehen des Partners bedacht, lassen ihm Freiräume, die Sie auch für sich beanspruchen, sorgen für belebende Vielfalt und sind im Großen und Ganzen treu.

Aszendent Steinbock

Der Einfluss dieses Aszendenten verleiht Ihnen mehr Zielstrebigkeit und Ausdauer, Konzentrationskraft und Durchsetzungsvermögen. Sie geben sich verhaltener als der »reine« Schütze-Typ, sind zwar kontaktwillig und kontaktfähig, prüfen jedoch kritischer und sind weniger spontan und direkt. Unbedachte Impulshandlungen sind bei Ihnen seltener; Sie vermeiden zwar Risiken nicht grundsätzlich, versuchen jedoch mit mehr Bedacht, Folgen im Voraus zu kalkulieren. Sie lassen sich vorwiegend von ihrem wachen Verstand leiten und verfügen obendrein über ein intuitives Gespür, das Sie Ihrem Aszendenten verdanken. Weniger ausgeprägt ist Ihr Mitteilungsbedürfnis, und noch sparsamer sind Sie mit Gefühlsäußerungen. Wenn Sie allerdings erst einmal auftauen, erweisen Sie sich als interessanter, wissensreicher Gesprächspartner, und in engen Bindungen wird offenbar, dass Sie bei aller Verstandesorientiertheit auch ein Mensch mit leidenschaftlichen Gefühlen sind. Viel Energie konzentrieren Sie auf Ihren beruflichen und sozialen Aufstieg, den Sie meist auf lange Sicht planen, wobei Sie in der Regel mit ausgeprägtem Realitätssinn von einer selbstkritischen Einschätzung Ihrer Fähigkeiten und Möglichkeiten ausgehen. Da Sie auf eine stabile Absicherung aller Etappen bedacht sind, erreichen Sie meist, was Sie sich vorgenommen haben. Die Vielfalt Ihrer Interessen bewahrt Sie jedoch vor einer allzu einseitigen Ausrichtung auf materielles Streben; Sie wissen durchaus die Annehmlichkeiten des Lebens zu schätzen und legen Wert darauf, die Früchte von Bemühungen einheimsen und erzielte Erfolge feiern und genießen zu können.

Aszendent Wassermann

Sie sind ein sehr extravertierter Mensch, nehmen regen Anteil an allem, was rings um Sie geschieht, suchen und unterhalten vielfältige Kontakte und gehen zu diesem Zweck von sich aus offen auf die Umwelt zu. Sie können im Alltagsleben sehr spontan und impulsiv sein, doch wenn es um für Sie wichtige Dinge geht, planen Sie in der Regel vorausschauend. In den großen

Zügen sind Ihre Planungen zuverlässig und wirklichkeitsbezogen, doch Schwierigkeiten machen Ihnen später meist die Details, die Sie entweder völlig übersehen oder falsch eingeschätzt haben. Freilich können Sie sich rasch auf Unvorhergesehenes einstellen, mit wendigem Geist und Improvisationskunst Planungslücken überbrücken und so schließlich Ihre Ziele doch erreichen. Sie sind anpassungsfähig und kompromissbereit, lassen sich aber weder herumkommandieren noch in Ihren Freiheiten und Rechten mehr beschneiden, als das Zusammenleben in der Gemeinschaft es unbedingt erfordert. Mehr als der »reine« Schütze-Typ haben Sie bei Ihrem Planen und Handeln neben Eigeninteresse auch die Belange der Gemeinschaft im Auge, versuchen nicht, sich auf Kosten anderer durchzusetzen. Sie sind rücksichtsvoll und hilfsbereit und lassen sich gern für Gemeinschaftsaufgaben einspannen, wenn Sie von deren Sinn und Nutzen überzeugt sind. Sie sind auf Anerkennung bedacht, aber nicht übermäßig geltungssüchtig. In zwischenmenschlichen Beziehungen sind Sie ein wissensreicher, origineller, unterhaltsamer, zuverlässiger und kompromissbereiter Partner, dessen reiche, oft leidenschaftlich auflodernde Gefühlswelt freilich nur in einer engen Zweierbindung offenbart wird.

Aszendent Fische

Ein sehr typischer Schütze sind Sie nicht, denn während dieser spontan und offen auf die Umwelt zugeht, wirken Sie eher verhalten und vorsichtig, bleiben auf eine gewisse Distanz bedacht, lassen sich fast mehr noch von Ihrem sensiblen Gespür als von Ihrem regsamen, aufnahmebereiten Verstand leiten.

Sie wirken weniger selbstsicher und entschlossen, nehmen mehr Rücksicht auf die Belange der Mitmenschen und stellen nur selten die eigenen Interessen in den Vordergrund. Manchmal zeigt sich eine mehr oder weniger starke Abhängigkeit von Stimmungen, was sich auf Ihre Leistungsbereitschaft auswirken, aber auch zwischenmenschliche Beziehungen belasten kann. Hindernissen und Konflikten suchen Sie nach Möglichkeit auszuweichen, weil Sie klug bestrebt sind, mit Ihrem begrenzten Kräftepotenzial haushälterisch umzugehen, und es nicht mit vermeidbaren Reibereien vergeuden wollen. Bei aller Kompromissbereitschaft wissen Sie jedoch recht genau, was Sie wollen, sind darauf aus, dass Ihre Leistungen Beachtung und Anerkennung finden, lassen sich nicht an die Wand drücken. Das hat vielleicht schon mancher zu spüren bekommen, der Sie aufgrund Ihrer Verhaltenheit und Rücksichtnahme falsch eingeschätzt und übervorteilt hat. Etliche Enttäuschungen bereiten Sie sich selbst, wenn Sie sich von überzogenem Wunschdenken leiten lassen, was immer wieder vorkommen kann. Als Partner sind Sie vielseitig, interessant, auf Harmonie und Ausgleich bedacht, verständnisvoll und hilfsbereit, und wenn Sie in einer engen Bindung Ihre Zurückhaltung ablegen, können Sie von einer überraschend gefühlsstarken Leidenschaftlichkeit sein.

Meine Einbindung in das Universum

Mein chinesisches Horoskop

Die jahrtausendealte chinesische Astrologie arbeitet mit einem eigenständigen System, das eine direkte Bezugsetzung zur uns vertrauten Astrologie unmöglich macht. Nach chinesischer Auffassung bestimmen fünf Faktoren Wesenszüge, Fähigkeiten und Schicksal des Menschen: der Jahrestyp, die Jahreszeit, die Doppelwoche, der Tag und die Stunde der Geburt. Seit dem sechsten vorchristlichen Jahrhundert wird jedes Jahr einem von zwölf Tiersymbolen zugeordnet, sodass es zwölf verschiedene Jahrestypen gibt. Vom Jahrestyp hängen Wesens- und Gemütsart eines Menschen ab. Ohne Entsprechung im Abendland ist das auf die Gefühlswelt bezogene System der Jahreszeiten, von denen es fünf je einem Element zugeordnete Typen gibt. Auf Verhalten und Stellung innerhalb der Gemeinschaft bezieht sich das System der 24 Doppelwochen. Die Gefühlswelt wird außer durch die Jahreszeit auch durch den Geburtstag bestimmt; die in den chinesischen Stundenkreis der Tiere eingeordnete Geburtsstunde schließlich prägt das leibseelische Erscheinungsbild des Menschen.

Obwohl der chinesische »Tierkreis« eine Zwölfteilung aufweist, gibt es doch keine vollständige Übereinstimmung, sondern lediglich Entsprechungen. Anhand der Jahrestabelle können Sie Ihren Jahrestyp feststellen und die entsprechende Charakteristik in unserer Übersicht nachlesen. Über die kosmische Prägung durch Jahreszeit und Doppelwoche Ihrer Geburt informieren wir Sie im Anschluss.

18.02.1912–05.02.1913	Ratte	15.02.1942–04.02.1943	Pferd
06.02.1913–25.01.1914	Ochse	05.02.1943–25.01.1944	Ziege
26.01.1914–13.02.1915	Tiger	26.01.1944–12.02.1945	Affe
14.02.1915–03.02.1916	Hase	13.02.1945–01.02.1946	Hahn
04.02.1916–22.01.1917	Drache	02.02.1946–21.01.1947	Hund
23.01.1917–10.02.1918	Schlange	22.01.1947–09.02.1948	Schwein
11.02.1918–31.01.1919	Pferd	10.02.1948–28.01.1949	Ratte
01.02.1919–20.01.1920	Ziege	29.01.1949–16.02.1950	Ochse
21.01.1920–07.02.1921	Affe	17.02.1950–05.02.1951	Tiger
08.02.1921–06.02.1922	Hahn	06.02.1951–26.01.1952	Hase
07.02.1922–14.02.1923	Hund	27.01.1952–13.02.1953	Drache
15.02.1923–04.02.1924	Schwein	14.02.1953–03.02.1954	Schlange
05.02.1924–24.01.1925	Ratte	04.02.1954–23.01.1955	Pferd
25.01.1925–12.02.1926	Ochse	24.01.1955–11.02.1956	Ziege
13.02.1926–01.02.1927	Tiger	12.02.1956–30.01.1957	Affe
02.02.1927–22.01.1928	Hase	31.01.1957–18.02.1958	Hahn
23.01.1928–09.02.1929	Drache	19.02.1958–07.02.1959	Hund
10.02.1929–29.01.1930	Schlange	18.02.1959–27.01.1960	Schwein
30.01.1930–17.02.1931	Pferd	28.01.1960–14.02.1961	Ratte
18.02.1931–06.02.1932	Ziege	15.02.1961–04.02.1962	Ochse
07.02.1932–25.01.1933	Affe	05.02.1962–25.01.1963	Tiger
26.01.1933–13.02.1934	Hahn	26.01.1963–13.02.1964	Hase
14.02.1934–03.02.1935	Hund	14.02.1964–01.02.1965	Drache
04.02.1935–23.01.1936	Schwein	02.02.1965–21.01.1966	Schlange
24.01.1936–10.02.1937	Ratte	22.01.1966–08.02.1967	Pferd
11.02.1937–31.01.1938	Ochse	09.02.1967–29.01.1968	Ziege
01.02.1938–18.02.1939	Tiger	30.01.1968–16.02.1969	Affe
19.02.1939–07.02.1940	Hase	17.02.1969–05.02.1970	Hahn
08.02.1940–26.01.1941	Drache	06.02.1970–26.01.1971	Hund
27.01.1941–14.02.1942	Schlange	27.01.1971–18.02.1972	Schwein

19.02.1972–02.02.1973	Ratte	04.02.1992–21.01.1993	Affe
03.02.1973–23.01.1974	Ochse	22.01.1993–09.02.1994	Hahn
24.01.1974–10.02.1975	Tiger	10.02.1994–30.01.1995	Hund
11.02.1975–30.01.1976	Hase	31.01.1995–18.02.1996	Schwein
31.01.1976–17.02.1977	Drache	19.02.1996–06.02.1997	Ratte
18.02.1977–07.02.1978	Schlange	07.02.1997–27.01.1998	Ochse
08.02.1978–27.01.1979	Pferd	28.01.1998–15.02.1999	Tiger
28.01.1979–15.02.1980	Ziege	16.02.1999–04.02.2000	Hase
16.02.1980–04.02.1981	Affe	05.02.2000–23.01.2001	Drache
05.02.1981–24.01.1982	Hahn	24.01.2001–11.02.2002	Schlange
25.01.1982–12.02.1983	Hund	12.02.2002–31.01.2003	Pferd
13.02.1983–01.02.1984	Schwein	01.02.2003–21.01.2004	Ziege
02.02.1984–19.02.1985	Ratte	22.02.2004–08.02.2005	Affe
20.02.1985–08.02.1986	Ochse	09.02.2005–28.01.2006	Hahn
09.02.1986–28.01.1987	Tiger	29.01.2006–17.02.2007	Hund
29.01.1987–16.02.1988	Hase	18.02.2007–06.02.2008	Schwein
17.02.1988–05.02.1989	Drache	07.02.2008–25.01.2009	Ratte
06.02.1989–26.01.1990	Schlange	26.01.2009–13.02.2010	Ochse
27.01.1990–14.02.1991	Pferd	14.02.2010–02.02.2011	Tiger
15.02.1991–03.02.1992	Ziege	03.02.2011–22.01.2012	Hase

Ratte

Das Temperament der Ratte gilt als voreilig. Ihr Selbstbewusstsein kann manchmal in Arroganz umschlagen, denn sie kann und weiß sehr viel, was sie ihre Mitmenschen auch spüren lässt. Sie liebt ihre oft eingefahrenen Gewohnheiten, wodurch sie sich nur schwer unterordnen kann. Geistige Beweglichkeit, Aktivität, Fleiß und Lebensfreude sind weitere Merkmale der Ratte. In der Umsetzung ihrer Pläne liegt ihre Stärke.

Sie macht so lange weiter, bis ihr etwas perfekt erscheint, und lässt sich auch von gut gemeinten Ratschlägen nicht abbringen. Die Ratte ist sehr fantasievoll und sprudelt geradezu über von Ideen. Sie schätzt das Angenehme, Behagliche und Gemütliche und besitzt einen guten, sicheren Geschmack. Sie ist in der Regel hilfsbereit, aber nur dann großzügig, wenn Lohn und Anerkennung nicht lange auf sich warten lassen. Die Ratte kann ein wahres Finanzgenie sein und hat das richtige Händchen fürs Geschäftliche.

Ochse

Tatkräftig, zielbewusst, meist auch vorausschauend und klug planend – das sind die herausragenden Ochsen-Eigenschaften. Er strebt idealistische Ziele an und versteht es auch meistens, sie in die Tat umzusetzen. In seinem Gefühlsausdruck ist er eher verhalten, obwohl er eine empfindsame Seele besitzt. Der Ochse gilt als pflicht- und traditionsbewusst, strebsam und sesshaft. Mit seinem Hang, andere belehren zu wollen, verbaut er sich so manchen privaten Kontakt und geschäftliche Beziehung. Wird der Ochse verletzt oder in seinen Erwartungen enttäuscht, so zieht er sich zurück und vergräbt sich in seiner Arbeit. Damit versucht er, sich und anderen zu beweisen, dass er gut allein zurechtkommt. Mit seinem robusten, rastlosen Tatendrang kann der Ochse für seine Mitmenschen von Zeit zu Zeit recht anstrengend sein. Er ist ein loyaler und treuer Freund, auf den man sich immer verlassen kann.

Tiger

Der Tiger ist ungemein unternehmungslustig, aber er verfolgt seine Ziele mit großer Ausdauer. Da er dabei aber auch manchmal übertreibt, bleiben Fehlschläge nicht aus, denn sein sprichwörtlicher Mut kann auch in Tollkühnheit umschlagen. Er hat ein ausgeprägtes Selbstbewusstsein, neigt aber auch dazu, sich zu überschätzen. Die Ichbezogenheit des Tigers lässt ihn häufig wenig Rücksicht auf seine Mitmenschen nehmen. In seiner Emotionalität ist er äußerst extrovertiert, aber seine Gefühle können durchaus schwanken. Mit seiner großen Begeisterungsfähigkeit und Spontaneität übt er auf andere Menschen eine geradezu magische Anziehungskraft aus. Sein Optimismus, mit dem er die Dinge anpackt und den er in fast jeder Lebenslage ausstrahlt, wirkt ansteckend auf alle, die ihn kennen. Schüchternheit ist ein Fremdwort für ihn. Da das Leben dem Tiger viele Möglichkeiten bietet, kann er sich oft nicht entscheiden. Er legt Wert auf seine äußere Erscheinung und kleidet sich elegant.

Hase

Der Hase ist von schier unbändiger, rastloser Energie erfüllt, als würde er niemals Phasen der Ruhe benötigen. Er gilt als Liebhaber der schönen Künste. Trotz seiner beängstigenden Dynamik bringt er viel Geduld und Verständnis für andere auf und ist im Grunde seines Herzens sehr uneigennützig. Der Hase wird spielend leicht mit

Hindernissen fertig, vor denen seine Mitmenschen schnell kapitulieren. Mit seinem angeborenen Einfühlungsvermögen ist er ein hervorragender Diplomat, der es versteht, die Bedürfnisse anderer Menschen mit seinen eigenen Interessen in Einklang zu bringen. Mit großem taktischen Geschick, Ausdauer und Geduld geht der Hase seinen Weg und klettert langsam die Erfolgsleiter hoch. Eine Auseinandersetzung mit ihm kann zermürbend sein, denn er wird Haken schlagen und gerissen sein. Man sollte also nie zu früh über ihn triumphieren.

Drache

Dieser unerschrockene Zeitgenosse weicht weder Feinden noch irgendeinem Hemmnis aus. Sein Mut, seine Vitalität und Kraft sind schon fast sprichwörtlich. Der Drache gibt sich manchmal schroff und abweisend und hat auch nur wenige gute Freunde, obwohl er im Innersten ungemein sensibel ist und für die Nöte und Sorgen der anderen stets ein offenes Ohr hat. Er ist in der Lage, Situationen sofort richtig einzuschätzen. Noch im größten Chaos entwirft der Drache Handlungsstrategien und fasst klare Beschlüsse. Er ist ein sehr großzügiger Charakter, der im Geben tiefe Befriedigung erfährt. Wer in Krisenzeiten einen Drachen an seiner Seite weiß, hat schon gewonnen, denn es gibt kaum eine Situation, in der er sich nicht behauptet.

Er muss nur lernen, seine Energien zu lenken, und es sich zur Aufgabe machen, Selbstbeherrschung zu üben und maßvoll mit seinen Kräften umzugehen.

Schlange

Sie kanalisiert ihre Energie in Aktivitäten, die zumeist schöpferischer Natur sind. Dann ist die Schlange ganz in ihrem Element und mit sich selbst im Reinen. Mit ihrer kreativen Fantasie gibt sie ihrer Umwelt viele kostbare Impulse, mit der positive Entwicklungen eingeleitet werden. Leider ist sie bei der Verfolgung ihrer Pläne nicht sonderlich ausdauernd, sobald das Tun zur Routine geworden ist und keine neuen Anregungen kommen. Die Schlange hat viel Sinn für Schönheit, Eleganz und Stil. Reine Funktionalität ist ihre Sache nicht, denn sie liebt den Luxus und ihre Bequemlichkeit. Oft wirkt die Schlange rätselhaft, schillernd und faszinierend. Ihre Haltung und ihr Wesen irritieren die Mitmenschen, vor allem wenn sie nach anfänglicher Zurückhaltung plötzlich eine Bemerkung macht, die ins Schwarze trifft und eine messerscharfe Beobachtungsgabe enthüllt.

Pferd

Seinen kaum zu bändigenden Tatendrang lebt das Pferd in einer Fülle von Aktivitäten aus, die manchmal überstürzt und spontan in Angriff genommen werden. Treten Hindernisse und Schwierigkeiten auf, kann sein Interesse rasch nachlassen, und schnell wendet es sich einer spannenderen Angelegenheit zu. Heftige Gefühlsausbrüche sind typisch für das Pferd, ansonsten verhält es sich in seinen Emotionen eher zurückhaltend. Es ist flexibel und kann sich schnell neuen Gegebenheiten anpassen. Das Pferd neigt zu spontanen Entscheidungen. Dabei kann es sich auf seinen Instinkt und seine Intuition verlassen. Die Volltreffer, die es auf diese Art landet, geben ihm recht. Und sollte eine Sache schiefgehen, hat es kaum Schwierigkeiten, damit fertig zu werden. Das Pferd neigt zur Ungeduld, die gegen seine Mitmenschen manchmal ungerecht und verletzend zum Ausdruck gebracht wird.

Ziege

Die Ziege liebt Gerechtigkeit so sehr, dass sie Streitereien und Konflikte in Kauf nimmt. Gewalt ist ihr aber ein Gräuel. Vielmehr leistet sie so lange passiven Widerstand, bis sie ihr Ziel erreicht hat. Die Ziege setzt sich für die Interessen ihrer Mitmenschen ein und verfolgt hohe Ideale. Dann zeigt sich ihre wahre Kämpfernatur. Die Fähigkeit zum Mitgefühl und zum teilnehmenden Verständnis ist der Ziege in die Wiege gelegt. Es gibt kaum ein anderes Sternzeichen, das so berufen scheint, sich in die Seele anderer hineinzuversetzen. Sanft, mütterlich und geduldig kann die Ziege stundenlang zuhören, wenn jemand Kummer hat. Sie besitzt keinerlei Disziplin, wenn es darum geht, den Alltag zu organisieren. Zeitpläne, strikte Vorschriften und Pünktlichkeit sind ihr zuwider. Und vollkommen in Verzweiflung gerät sie, wenn sie unter Druck arbeiten muss. Meistens ist die Ziege häuslich veranlagt und kennt nichts Schöneres, als ihre vier Wände so auszustatten, dass man sich darin wohlfühlen kann – was auch ihre künstlerische Neigung zeigt.

Affe

An Ideen und Plänen, die er häufig auch noch gleichzeitig in Angriff nimmt, mangelt es ihm nicht. Sein eiserner Wille, gute Nerven, eine vorausschauende Planung und realistische Einschätzung der Gegebenheiten führen ihn auch dann zum Erfolg. Der Affe sollte aber lernen, mit seinen schier unermesslichen Kräften gut hauszuhalten, um sich selbst und anderen nicht zu schaden. Außerdem neigt der Affe dazu, sich manchmal zu verzetteln, aber er findet aus jeder Schwierigkeit schnell einen Ausweg. Wegen seines hervorragenden Intellekts löst er Probleme im Handumdrehen, die anderen Kopfschmerzen bereiten würden. Er geht schlau und gewitzt vor – je größer die Herausforderung, umso besser. Der Affe liebt es, seine Klugheit unter Beweis zu stellen. Er reagiert aggressiv, wenn er sich übergangen oder beleidigt fühlt.

Hahn

Er ist betriebsam und erfolgsorientiert, wobei er zu Egozentrik und zu Selbstsucht neigen kann. Seine Geschwätzigkeit und Launenhaftigkeit können seiner Umwelt auf die Nerven gehen. Die Offenheit des Hahns kann wohltuend sein, denn er spielt kein doppeltes Spiel, und jeder weiß, woran er bei ihm ist. Durch seine Gewandtheit und seinen schlagfertigen Witz gewinnt der Hahn viele Freunde. Die Natur fasziniert ihn und er frönt gern allen sinnlichen Genüssen, die das Leben bietet. Um zum Erfolg zu gelangen, muss der Hahn lernen, Maß zu halten. Er hat ein heiteres, extrovertiertes Temperament und verfügt über einen scharfen Intellekt, ein brillantes Auftreten und ein wunderbar unbekümmertes Wesen. Wortreich und schillernd präsentiert der Hahn sich seinen Mitmenschen und gewinnt alle Herzen im Nu. Er legt aber viel Wert auf Prestige und Status, wodurch er manchmal oberflächlich wirkt.

Hund

Er strotzt vor Energie und ist ein wahrer Draufgänger, wobei es ihm an planvollem und bedachtem Handeln mangelt. Der Hund setzt sich engagiert und kämpferisch für die gerechte Sache und hohe Ideale ein, denn er verfolgt unbeugsam seine Mission. Er sollte lernen, seine Unternehmungen strategischer und kalkulierter zu planen, um seine Kräfte nicht zu vergeuden und auf halber Strecke zu kapitulieren.

Bei aller Anpassungsfähigkeit ist der Hund durchaus in der Lage, selbstständig zu handeln und seine Unternehmen in eigener Regie durchzuführen. Er neigt dazu, Dinge zu lange hinauszuzögern, doch wenn der Hund sich einmal zu etwas entschlossen hat, bleibt er dieser Entscheidung treu. Dass die Projekte, an denen er festhält, dann manchmal überholt sind, interessiert ihn herzlich wenig.

Schwein

Das Schwein verfügt über enorme Kraftpotenziale, aber es ist mit wenig Ausdauer und Durchsetzungsvermögen gesegnet. Es setzt sich gern für andere ein, schätzt aber häufig Situationen falsch ein und neigt aus diesem Grund zu vorschnellen Urteilen und unbedachten Reaktionen. Das Schwein besitzt eine ausgezeichnete künstlerische Ader, aber braucht die Unterstützung anderer, um diese auszuleben und Anerkennung und Erfolg zu ernten. Im Allgemeinen ist das Schwein ein fröhlicher Zeitgenosse, der voller Optimismus an die Zukunft glaubt. Es besitzt Urvertrauen – die Gewissheit, dass letztendlich alles gut wird. Innerlich kämpft das Schwein aber auch mit Stimmungsschwankungen. Einerseits hat es Ehrgeiz und möchte gern hoch hinaus, andererseits liebt es Gelassenheit und Ruhe. In China steht das Schwein für Glück und Wohlstand.

Die Jahreszeit

Ihr Sternzeichen gliedert sich in zwei chinesische Jahreszeiten. Vom 23. September bis zum 3. Dezember ist die Jahreszeit des Metalls, während am 4. Dezember die Erd-Jahreszeit beginnt. Sie finden zu beiden Jahreszeiten eine kurze Erläuterung.

Das Element Metall wird dem Herbst zugeordnet und ist mit dem Westen verbunden. Verschwistert ist es mit Ätzung und beißender Kälte, auf den Menschen bezogen mit Gerechtigkeit, Reinigung und Sorge. Die Lieblingsfarbe des Metall-Menschen ist Weiß; seine Glückszahl ist die Neun.

Wahrheit, Gerechtigkeit, Harmonie und Schönheit gelten Ihnen viel. In der Regel legen Sie Wert darauf, nicht nur Ihre eigene Lebenswelt durch Kunst und Kultur zu bereichern, sondern auch eine Hebung der Lebensqualität Ihrer Mitmenschen zu erreichen. Im Umgang mit anderen schätzen Sie geradlinige Offenheit; am Wohlergehen der Gemeinschaft liegt Ihnen viel.

Die Erd-Jahreszeit ist keiner bestimmten Himmelsrichtung zugeordnet und verteilt sich in vier Phasen über das Jahr. Sie umfasst die Wochen vom 3. bis 20. März, von 4. bis 21. Juni, vom 5. bis 22. September und vom 4. bis 21. Dezember. Die Erde symbolisiert die Mitte und das Gleichgewicht. Ihre Lieblingsfarbe ist Gelb, Ihre Glückszahl die Fünf.

Reinigende Gewitter beleben Sie und erquicken Ihren Geist; Ihre Lieblingsfarbe wird Ihnen Entspannung und Erholung bringen. Den erholsamsten Schlaf finden Sie in der Mitte des Raumes oder mit dem Kopf zur Raum-Mitte. Ihnen gilt der Mensch als Zentrum des Universums, was einerseits Ichbezogenheit, aber andererseits auch Selbstsicherheit und Selbstvertrauen bedeuten kann, ein Bewusstsein von Wert und Kraft, aus dem heraus Sie anderen Stütze und Hilfe sein können. Wenn Sie die Gefahr der Selbstsucht überwinden, können Sie ideenreich und tatkräftig nach außen wirken und dafür sorgen, dass Ihre Umwelt zum Wohl aller – auch Ihrer selbst – im Gleichgewicht ist.

Die 20. Doppelwoche

Sie sind in der 20. chinesischen Doppelwoche geboren (der Neujahrstag der Chinesen fällt nicht mit dem unseren zusammen), die die Tage vom 23. November bis zum 7. Dezember umfasst. Dies ist die Doppelwoche des Kleinen Schnees, die Ihre Anlagen in bestimmter Weise prägt.

Sie sind körperlich und geistig beweglich, ideenreich und redegewandt. Als selbstständiger Individualist gehen Sie gern Ihre eigenen Wege, wollen sich nicht in Ihre Belange dreinreden lassen und den Lebensstil wählen, der Ihren Neigungen am meisten entspricht. Dennoch sind Sie kein Eigenbrötler, sondern geben sich verbindlich und offen. Sie sind zwar fleißig und arbeitsam, sehen aber in der Arbeit nicht den Sinn des Lebens, sondern eine unvermeidliche Notwendigkeit, der Sie umso williger entsprechen, je reibungsloser und unproblematischer sie sich erledigen lässt. Hindernisse lieben Sie nicht, und in Stresssituationen verlieren Sie leicht den Mut, denn Sie haben wenig Ausdauer und keine allzu harten Ellenbogen. Obwohl verantwortungsbewusst, ist doch penible Gründlichkeit nicht Ihre Sache. Freie Entfaltungsmöglichkeit stellen Sie über Lob und Ruhm und diese wiederum über finanzielle Vorteile; in Gelddingen sind Sie mangels Interesse manchmal recht ungeschickt und werden übervorteilt.

Mit mehr Durchsetzungskraft und Stehvermögen könnten Sie es weiter bringen, aber am sozialen und beruflichen Aufstieg liegt Ihnen nicht allzu viel, besonders wenn Sie ihn durch einen Verlust an persönlicher Freiheit erkaufen müssten. Manch gute Chancen, die Ihnen Ihr wacher Geist und Ihre Beredsamkeit eröffnen könnten, nehmen Sie deshalb nicht wahr. Sie bleiben nur dann bei der Stange, wenn etwas Sie interessiert und Ihnen vielfältige Anregungen gibt; eingefahrene Routine und mühselige Kleinarbeit lieben Sie nicht. Sie sind ein interessanter und angenehmer, aber unter Belastungen nicht unbedingt ein verlässlicher Partner.

Die 21. Doppelwoche

Sie sind in der 21. chinesischen Doppelwoche geboren (der Neujahrstag der Chinesen fällt nicht mit dem unseren zusammen), die die Zeitspanne vom 8. bis zum 21. Dezember umfasst. Dies ist die Doppelwoche des Großen Schnees, die Ihre gesamten Anlagen in bestimmter Weise prägt.

Gesunder, auf das praktisch Machbare ausgerichteter Menschenverstand und schöpferische Fantasie halten sich bei Ihnen die Waage. Sie sind extravertiert, drängen sich aber nicht in den Vordergrund, sind selbstsicher, aber nicht überheblich. Ihr Ehrgeiz macht Sie leistungsorientiert, doch sind Sie nicht bereit, dem sozialen und beruflichen Aufstieg die persönliche Freiheit und das Privatleben zu opfern. Eine Sie interessierende Arbeit macht Ihnen Spaß, solange sie nicht zur mühseligen Plackerei oder zur seelenlosen Routine wird; sonderlich viel Geduld und Ausdauer bringen Sie nicht auf. Am meisten liegen Ihnen Tätigkeiten, die viele Kontakte zu anderen Menschen bringen; Sie sind gesellig und kommen mit fast jedermann gut aus, lassen sich allerdings manchmal auch aus Gutmütigkeit und mangelndem Stehvermögen ausnützen. Zwar sind Sie kein »Arbeitstier«, aber Untätigkeit ist Ihnen verhasst; Sie brauchen Aufgaben, die Sie in den für Sie notwendigen inneren Spannungszustand versetzen und Ihnen Impulse geben.

Gründlichkeit, Entschlossenheit und Zähigkeit sind bei Ihnen schwächer ausgeprägt. Trotz geistiger Wendigkeit und manueller Geschicklichkeit kann es zu ärgerlichen Fehlleistungen kommen, wenn Ihr Interesse erlahmt, was Unannehmlichkeiten zur Folge haben kann. In Spannungssituationen geben Sie häufig zu rasch nach, auch wenn Sie im Recht sind, werfen bei Schwierigkeiten voreilig die Flinte ins Korn, anstatt sich dem Kampf zu stellen und für Ihre Belange einzutreten. Das gilt im beruflichen Bereich ebenso wie in zwischenmenschlichen Beziehungen.

Mein indianisches Horoskop

Obwohl sie auf einem Welt- und Menschenbild beruht, das von unseren abendländischen Vorstellungen sehr verschieden ist, gelangt auch die indianische Astrologie zu Einsichten über den Menschen, die den uns vertrauten Horoskop-Aussagen verblüffend ähnlich sind. Auch für den Indianer ist der Mensch in das Universum eingebunden, ist Bestandteil eines engen Geflechts von Beziehungen und Wechselwirkungen, das die ganze – belebte und unbelebte – Welt durchzieht.

Das wichtigste Bezugssystem unserer Astrologie ist der Tierkreis mit seinen zwölf Zeichen, durch die das Jahr gegliedert wird. Nach Auffassung der Indianer tritt der Mensch mit seiner Geburt in einen magischen Kreis ein, der die ganze Welt in sich einschließt. Vier Abschnitte unterteilen das Universum, den Jahres- und Tageslauf und werden durch je ein Tier symbolisiert: Ost–Frühling–Morgen–Adler; Süd–Sommer–Mittag–Kojote; West–Herbst–Abend–Grizzlybar; Nord–Winter–Nacht–Weißer Büffel. Unseren Tierkreiszeichen entsprechen zwölf Monde oder Monate, denen jeweils ein Totem (Zeichen) im Tier-, Pflanzen- und Mineralreich sowie eine Symbolfarbe beigegeben sind.

Sie sind ein Wapiti-Mensch (23.11.–21.12)

Geboren sind Sie unter dem Mond des langen Schnees, der etwa dem Zeitraum unseres Tierkreiszeichens Schütze entspricht. Ihr Totem im Tierreich ist der Wapiti, Ihr Totem im Pflanzenreich die Schwarzfichte, Ihr Totem im Mineralreich der Obsidian und Ihre Symbolfarbe Schwarz. Sie gehören dem Elementeklan der Donnervögel an, deren Element das Feuer ist. Andere Angehörige dieses Klans sind die Roter-Habicht-(Widder-) und die Stör-(Löwe-)Menschen. Das bedeutet, dass Sie mit diesen Menschen viele charakteristische Wesensmerkmale teilen. Geboren sind Sie im Herbst, der Jahreszeit von Mudjekeewis (Grizzlybär), des Hüters des Geistes aus dem Westen, der auch den Abend und die innere Stärke und Selbstprüfung symbolisiert.

Der Wapiti-Mensch lässt sich mehr von seinem Verstand als von Gefühlen leiten. Sein wacher Geist ist vielseitig interessiert, er ist ein aufmerksamer, aufnahmefähiger Beobachter mit scharfem Blick und feinem Gespür, einsichtsvoll und lernfähig. Trotzdem fällt es ihm häufig schwer, sich rasch auf neue Gegebenheiten und Menschen einzustellen. Wenn er jedoch Positionen bezieht, die er gründlich bedacht hat, bleibt er bei seinen Entschlüssen und Meinungen, die er entschlossen und furchtlos verteidigt. Das hat nichts mit verbissener Rechthaberei zu tun; fundierten Gegenargumenten verschließt er sich nicht. Allerdings braucht er viel Zeit für Veränderungen, besonders wenn seine Gefühlswelt beteiligt ist. Gefühle trägt er nicht offen zur Schau, sondern verschließt sein Inneres vor der Neugier anderer, ohne schroff oder abweisend zu sein. Er liebt die Unabhängigkeit und ordnet sich nur unter, wenn er die Notwendigkeit dafür einsieht. Ausgeprägt ist sein Gerechtigkeitssinn; wenn ihm selbst oder Menschen, an denen ihm viel liegt, Unrecht geschieht, kann er energisch und manchmal sogar allzu heftig reagieren.

Obwohl im Gefühlsausdruck verhalten, gibt er sich nach außen entgegenkommend und warmherzig, legt dabei aber stets Wert auf die Wahrung der Formen. Nahestehenden Menschen gegenüber ist er hingebungsvoll und fürsorglich; sein Beschützerinstinkt ist stark ausgeprägt. Wenn er sich einer Gemeinschaft anschließt, entwickelt er für sie viel Verantwortungsgefühl und übernimmt gern Pflichten. Ihm übertragene Aufgaben erledigt er gewissenhaft, aber nicht immer ausdauernd und gründlich. Langweilige Routinepflichten liegen ihm wenig. Wenn er mit sich und der Umwelt im Reinen ist, zeigt sich oft ein spielerisches Element in seinem Wesen: Er singt und tanzt gern. Nicht übermäßig stabil sind seine Nerven, wie bei starker seelischer (manchmal auch körperlicher) Belastung erkennbar wird.

Partnerschaften

Als Wapiti-Mensch sind Sie ein Vertreter des Donnervogelklans, dessen Element das Feuer ist. Dem gleichen Klan gehören auch die Roter-Habicht-(Widder-) und die Stör-(Löwe-)Menschen an. Mit diesen kommen Sie in der Regel sehr gut zurecht, da Ihnen viele grundlegende Wesenszüge gemeinsam sind. In einer engen Partnerschaft kann es freilich eben wegen dieser Übereinstimmungen zu Reibereien kommen. Nur wenn Sie bereit sind, an sich zu arbeiten, sich auf den Partner einzustellen und sich mehr zu öffnen, ist eine solche Partnerschaft von Bestand.

Am besten ergänzen Sie sich mit Angehörigen des Schmetterlingsklans, dessen Element die Luft ist. Das Feuer braucht die Luft zum Brennen, und ohne Feuer wäre die Luft kalt und lebensfeindlich. Dieser Symbolbezug macht deutlich, dass eine Verbindung zwischen Angehörigen dieser Klans für beide Seiten von Vorteil ist. Schmetterlingsklan-Menschen bringen das Feuer (die Energie) der Donnervogelklan-Menschen zum Lodern, helfen ihnen aber auch mit ihrer Beweglichkeit, Horizont und Wirkungskreis zu erweitern. Umgekehrt können Vertreter des Donnervogelklans den Menschen des Schmetterlingsklans zu mehr Beständigkeit und Konzentration bei der Verfolgung von Zielen verhelfen, und ihre intensive Gefühlswelt trägt zu einer Vertiefung des Empfindens bei. Eine Partnerschaft wird oft recht stürmisch verlaufen, da beide Seiten aktiv, selbstbewusst und eigenwillig sind. Meist ist eine Zeit der Anpassung nötig, doch wenn beide sich erst einmal aufeinander eingestellt haben, werden Partnerschaften erfreulich, nützlich und von Dauer sein. Dem Schmetterlingsklan gehören die Hirsch-(Zwillinge-), Rabe-(Waage-) und Otter-(Wassermann-) Menschen an.

Recht gegensätzlich sind Angehörige des Froschklans, dessen Element das Wasser ist. Feuer und Wasser vertragen sich nicht, zehren einander auf. In einer engen Partnerschaft kann es große Anfangsschwierigkeiten geben, da sich die Vertreter der beiden Klans instinktiv voneinander bedroht fühlen. Dennoch kann gerade die Gegensätzlichkeit auf beide Seiten sehr nutzbringend einwirken, indem die bisweilen bedrohliche Dynamik des Feuers gedämpft und andererseits die kühle Verhaltenheit des Wassers belebend erwärmt wird. Mit Geduld und Hingabe seitens des Donnervogelklan-Menschen und einem Bemühen um Öffnung und mehr Dynamik seitens des Froschklan-Menschen kann eine Beziehung zwischen Vertretern dieser Klans für beide Partner sehr hilfreich sein. Zum Froschklan gehören die Specht-(Krebs-), Schlange-(Skorpion-) und Puma-(Fische-)Menschen.

Das Element des Schildkrötenklans ist die Erde. Feuer erwärmt das Innere der Erde, und wenn sich auch dieses irdische Feuer auf das Leben nicht so stark auswirkt wie das Feuer der Sonne, ist es ihm doch ähnlich. Ebenso ähnlich sind sich in vielen Wesenszügen die Angehörigen des Donnervogel- und des Schildkrötenklans. Am Anfang einer Beziehung mag es freilich Schwierigkeiten geben, weil die solide Stabilität der Erde der dynamischen Beweglichkeit des Feuers scheinbar widerspricht, doch wenn beide Seiten erst einmal eingesehen haben, dass einerseits dem lodernden Feuer eine feste Grundlage guttut und andererseits das Feuer die Erde belebt, werden beide von der Partnerschaft profitieren. Solche Beziehungen werden, wenn sie erst einmal eingespielt sind, ungemein stabil sein. Vertreter des Schildkrötenklans sind die Biber-(Stier-), die Braunbär-(Jungfrau-) und die Schneegans-(Steinbock-)Menschen.

Mein keltisches (Baum-)Horoskop

Nicht Tierkreiszeichen oder Tiere, sondern Bäume sind die Symbole der keltischen Astrologie. Deren Systematik beruht auf den beiden heiligen Zahlen der Kelten, der Drei und der Sieben: 21 Bäume gliedern den Jahreslauf.

22.11. bis 01.12.

Ihr Baum ist die *Esche*. Sie symbolisiert Ehrgeiz, Zielstrebigkeit und Intelligenz, Selbstsicherheit und Attraktivität, aber auch Ichbezogenheit und unüberlegte Impulsivität. Sie überragt ihre Umwelt und kümmert sich wenig um die Meinungen anderer. Das bedeutet für Sie: Sie sind lebhaft, wendig, tatkräftig und setzen sich ehrgeizige Ziele. Mit Ihren positiven Anlagen erreichen Sie viel von dem, was Sie sich vornehmen. Dabei gehen Sie Ihre eigenen Wege und nehmen auf andere oft nur wenig Rücksicht. Wenn Sie allerdings Fehlschläge erleiden, macht Ihnen das schwer zu schaffen. Manchmal geben Sie sich Ihren Mitmenschen gegenüber reichlich überheblich und fordernd und versuchen, sie zu »überfahren«. Sie können sich nur schwer unterordnen und sind wenig kompromissbereit, wenn es um Ihre Interessen geht. Enge Bindungen nehmen Sie sehr ernst und sind nach den leidenschaftlichen Stürmen der Jugend auf klare Verhältnisse und eine feste Absicherung der Beziehung bedacht. Zwar möchten Sie gern den Ton angeben, doch sorgen Sie, wenn Sie sich fest gebunden haben, zuverlässig und umsichtig für das Wohl des Partners, dem Sie in der Regel treu sind.

02.12. bis 11.12.

Ihr Baum ist die *Hainbuche*. Sie symbolisiert Verhaltenheit, Vernunft, Pflichtbewusstsein und guten Geschmack, aber auch Misstrauen und Unerfülltheit. Sie zeichnet sich durch kühle Schönheit aus und möchte sich das Leben so angenehm wie möglich machen. Das bedeutet für Sie: Sie sind vernunftbestimmt und sehr diszipliniert. Sie geben sich zurückhaltend, verbergen oft Ihre Gefühle und Wünsche. Der Umwelt begegnen Sie eher misstrauisch, weil Sie befürchten, ausgenützt und übervorteilt zu werden. Um Ihre Anlagen voll entfalten zu können, brauchen Sie den Beifall und die Anerkennung Ihrer Mitmenschen; das ist Ihnen wichtiger als materieller Gewinn. Oft zeigen Sie wenig Unternehmungsgeist und Entscheidungsfreude, sodass Anstöße von außen für Sie bedeutsam sind. In einer engen Bindung kann es Probleme geben, weil Sie häufig viel mehr Liebe verströmen, als Sie zurück erhalten, und Enttäuschungen erleben, denn Sie sind oft nicht imstande, Ihre Wünsche und Bedürfnisse offen zu äußern. In persönlichen Beziehungen, aber auch im sozialen und beruflichen Leben kann übertriebenes Pflichtgefühl eine Belastung sein.

12.12. bis 21.12.

Ihr Baum ist der *Feigenbaum.* Er symbolisiert Stärke und Selbstbewusstsein, praktischen Wirklichkeitssinn und Geselligkeit, aber auch Ichbezogenheit und Intoleranz. Trotz seiner Unabhängigkeit braucht er Gesellschaft, um sich wohl zu fühlen. Das bedeutet für Sie: Sie stehen mit beiden Füßen fest im Leben, planen und handeln realitätsbezogen und denken selbstständig. Sie fühlen sich auf die Ratschläge anderer nicht angewiesen und sind manchmal sehr eigenwillig und unduldsam. Trotz Ihrer Zielstrebigkeit sind Sie nicht sonderlich fleißig und ausdauernd, sondern haben einen Hang zu Bequemlichkeit und Trägheit, der besonders deutlich wird, wenn Sie Routineaufgaben erledigen müssen, die Sie nicht interessieren. In einer engen Bindung können Sie sehr leidenschaftlich und gefühlsstark sein, doch fällt Ihnen die Treue schwer. Warme Herzlichkeit zeigen Sie eher gegenüber Kindern als einem Lebenspartner. Ihrem Wunsch nach Geborgenheit und menschlicher Wärme kommt eine große eigene Familie entgegen, doch kann auch ein enger Freundeskreis dieses Bedürfnis bei Ihnen befriedigen.

Mein persönlicher Aszendent

Um Ihren Aszendenten auf dem Ihren Geburtstag betreffenden Schaubild (ab Seite 123) ablesen zu können, müssen Sie Ihre in mitteleuropäischer Zeit (MEZ) angegebene Geburtszeit zunächst in Weltzeit (WZ) und danach in Ortszeit (OZ) umwandeln. Wenn Sie Ihre genaue Geburtszeit nicht wissen, können Sie sie beim Standesamt Ihres Geburtsortes erfragen.

Einfach ist die Umrechnung von MEZ in Weltzeit: Sie brauchen lediglich von der MEZ eine Stunde abzuziehen. Wenn zum Zeitpunkt Ihrer Geburt die Sommerzeit galt, müssen Sie von Ihrer Geburtszeit zwei Stunden und in den wenigen Zeiträumen mit doppelter Sommerzeit sogar drei Stunden abziehen, um die Weltzeit ermitteln zu können.

Die Ortszeit hängt von der geografischen Länge Ihres Geburtsortes ab. Für jedes Grad östlicher Länge (vom Nullmeridian) müssen Sie zur Weltzeit vier Minuten hinzuzählen. Um Ihnen lange Rechnereien zu ersparen, finden Sie anschließend eine Ortstabelle für den deutschsprachigen Raum, auf der Sie für die wichtigsten Städte die zur Weltzeit zu addierenden Minuten ablesen können. Wenn Ihr Geburtsort in der Tabelle nicht aufgeführt ist, suchen Sie im Atlas eine ungefähr auf dem gleichen Längenkreis liegende Stadt unserer Tabelle und zählen Sie die dort angegebene Zahl von Minuten zu Ihrer in Weltzeit umgerechneten Geburtszeit hinzu.

Ortstabelle für den deutschsprachigen Raum

Ort	Min.	Ort	Min.
Aachen	24	Dessau	49
Aarau	32	Dortmund	30
Allenstein	82	Dresden	55
Ansbach	42	Duisburg	27
Apolda	46	Düsseldorf	27
Arosa	39	Eisenach	41
Aschaffenburg	37	Emden	29
Augsburg	44	Erfurt	44
Baden-Baden	33	Erlangen	44
Bamberg	44	Essen	28
Basel	30	Esslingen	37
Bautzen	58	Feldkirch	38
Bayreuth	46	Flensburg	37
Berlin	54	Frankfurt/M.	35
Bern	30	Frankfurt/O.	58
Bielefeld	34	Freiburg/Br.	31
Bochum	29	Freising	47
Bonn	28	Genf	25
Bozen	45	Gera	48
Brandenburg	50	Gießen	35
Braunschweig	42	Görlitz	60
Bregenz	39	Gotha	43
Bremen	35	Göttingen	40
Breslau	68	Graz	69
Celle	40	Hagen	30
Cham	34	Halberstadt	44
Chemnitz	52	Halle/S.	44
Chur	38	Hamburg	40
Cottbus	57	Hannover	39
Danzig	75	Heidelberg	35
Darmstadt	35	Heilbronn	37
Davos	39	Helgoland	32

Ort	Min.	Ort	Min.
Hildesheim	40	Oldenburg	33
Hof	48	Osnabrück	32
Ingolstadt	46	Passau	54
Innsbruck	46	Pirmasens	30
Jena	46	Plauen	49
Kaiserslautern	31	Regensburg	48
Karlsruhe	34	Rosenheim	48
Kassel	38	Rostock	49
Kempten	41	Saarbrücken	28
Kiel	41	Salzburg	52
Klagenfurt	57	Schleswig	38
Köln	27	Schweinfurt	41
Königsberg	82	Schwerin	46
Konstanz	37	Speyer	34
Krefeld	26	St. Gallen	38
Kufstein	49	Stettin	58
Lausanne	27	Steyr	58
Leipzig	50	Stralsund	52
Leoben	60	Straßburg	31
Lindau	39	Stuttgart	37
Linz	57	Traunstein	42
Lübeck	43	Trier	27
Ludwigshafen	34	Ulm	40
Luxemburg	25	Vaduz	38
Luzern	33	Villach	55
Magdeburg	47	Weimar	45
Mainz	33	Wesermünde	34
Mannheim	34	Wien	66
Marburg	35	Wiesbaden	33
Memel	84	Wittenberg	51
Mülheim/R.	32	Worms	34
München	46	Würzburg	40
Münster	31	Zürich	34
Nordhausen	43	Zweibrücken	29
Nördlingen	42	Zwickau	50
Nürnberg	44		

Ihr Aszendent am 23. November

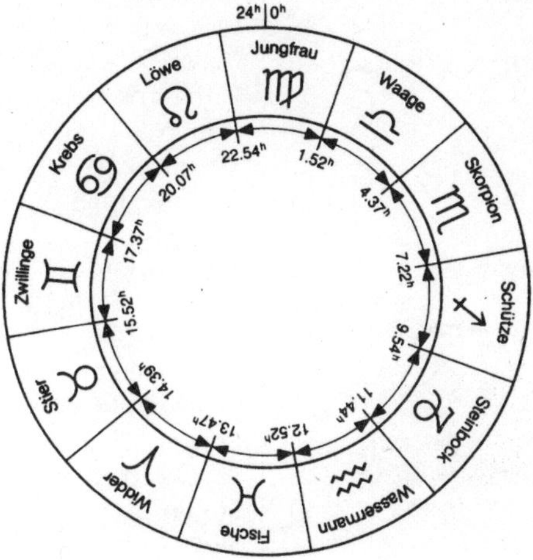

Ihr Aszendent am 24. November

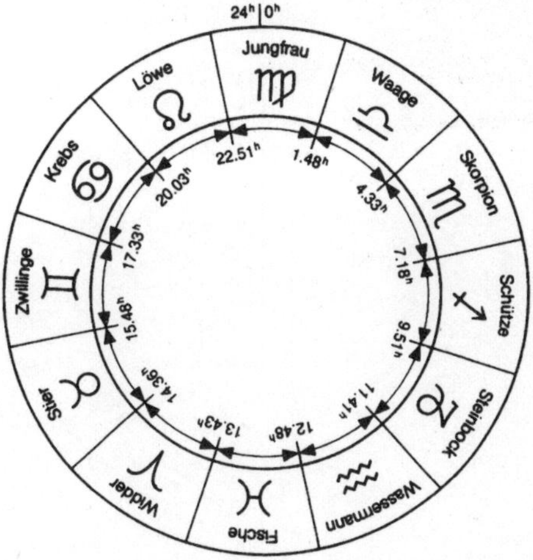

Ihr Aszendent am 25. November

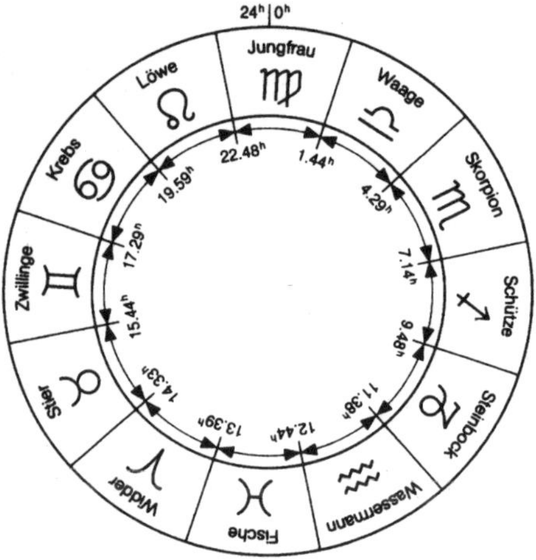

Ihr Aszendent am 26. November

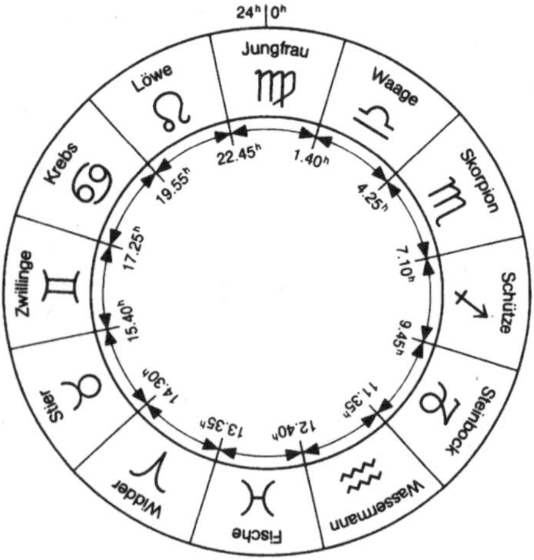

Ihr Aszendent am 27. November

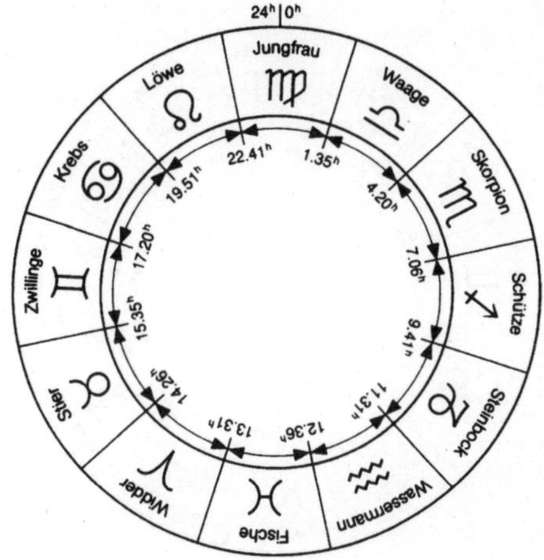

Ihr Aszendent am 28. November

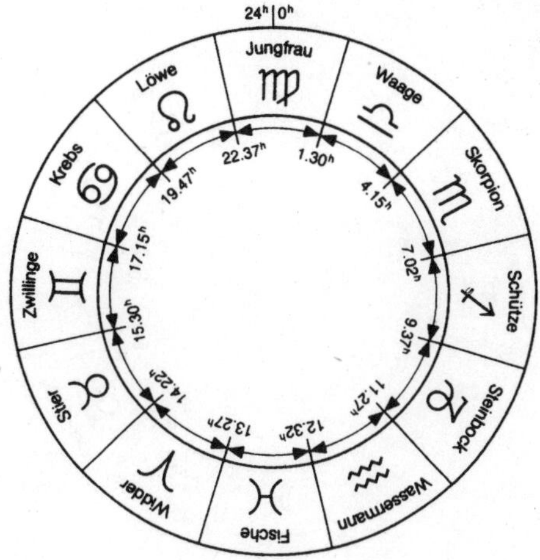

Ihr Aszendent am 29. November

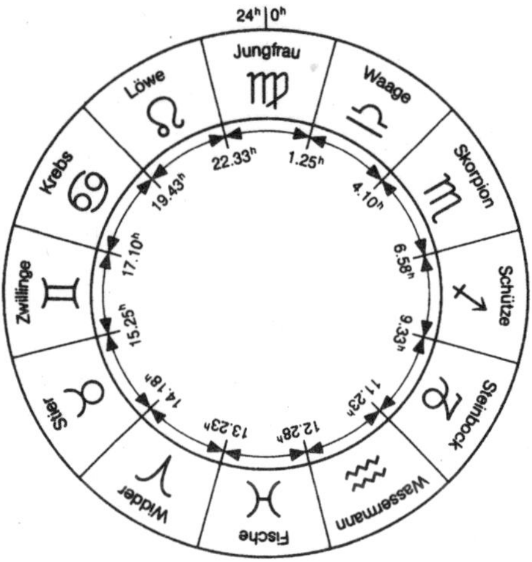

Ihr Aszendent am 30. November

Ihr Aszendent am 1. Dezember

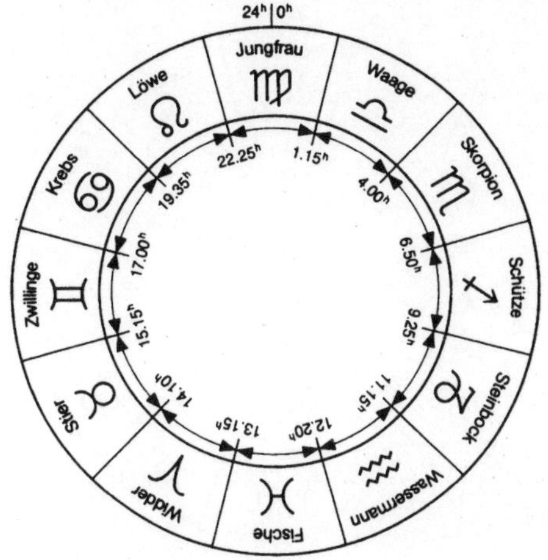

Ihr Aszendent am 2. Dezember

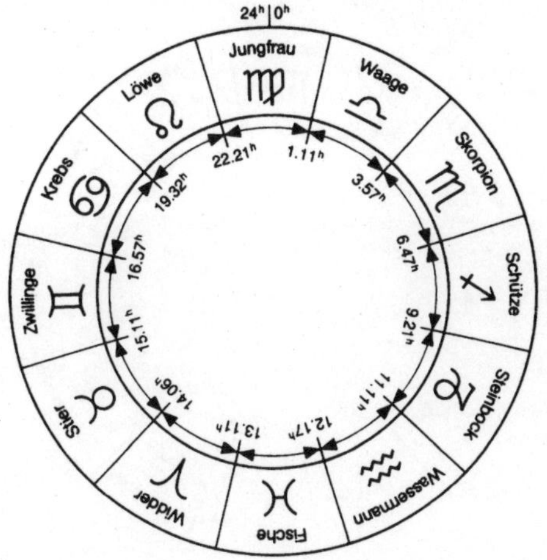

Ihr Aszendent am 3. Dezember

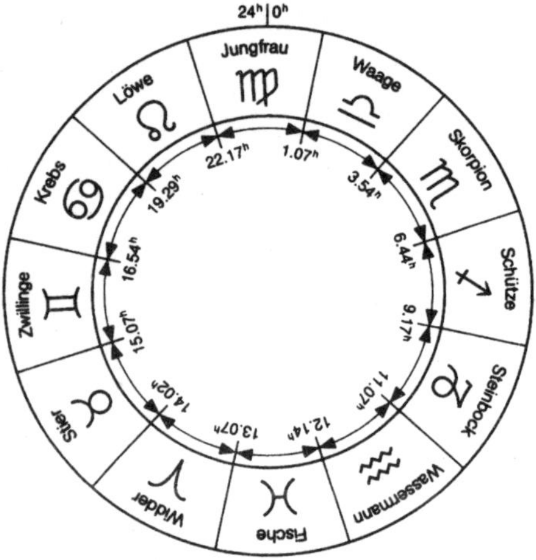

Ihr Aszendent am 4. Dezember

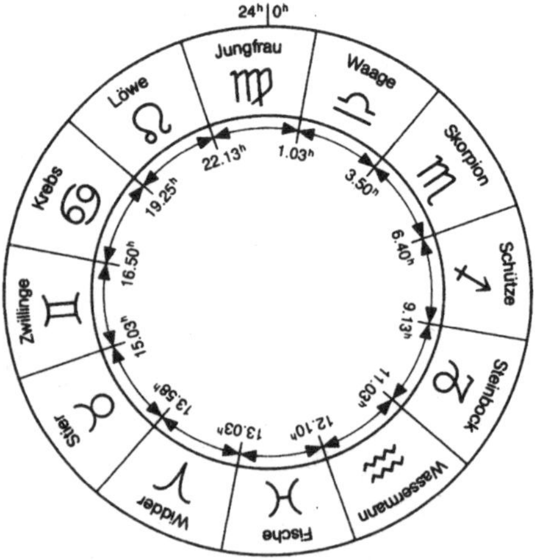

Ihr Aszendent am 5. Dezember

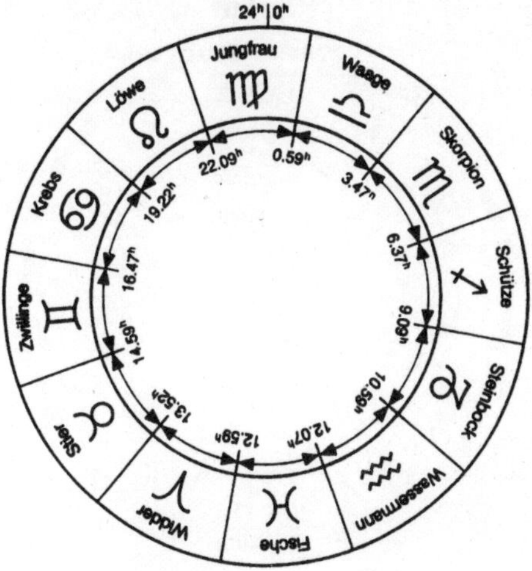

Ihr Aszendent am 6. Dezember

Ihr Aszendent am 7. Dezember

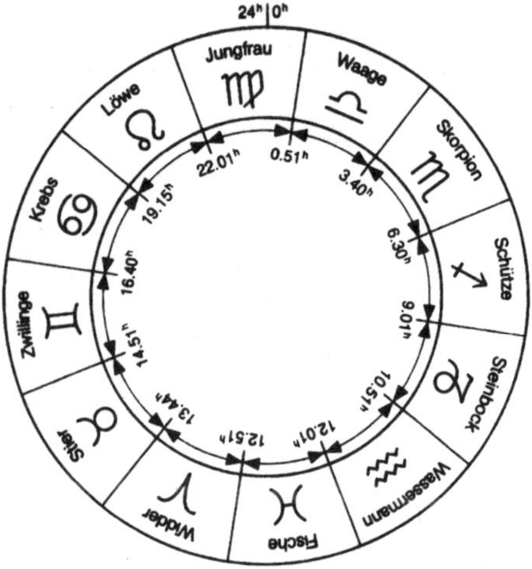

Ihr Aszendent am 8. Dezember

Ihr Aszendent am 9. Dezember

Ihr Aszendent am 10. Dezember

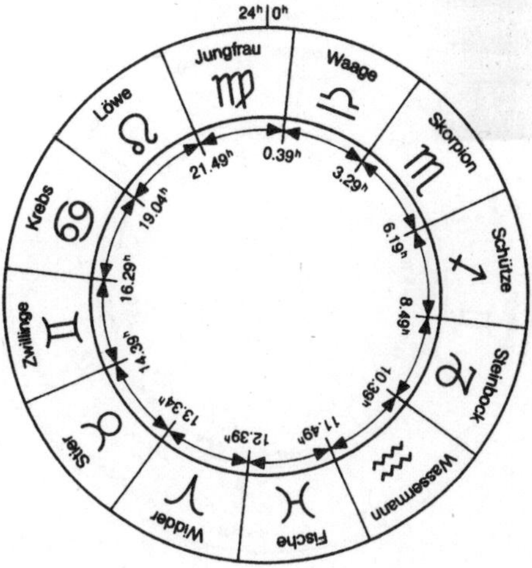

Ihr Aszendent am 11. Dezember

Ihr Aszendent am 12. Dezember

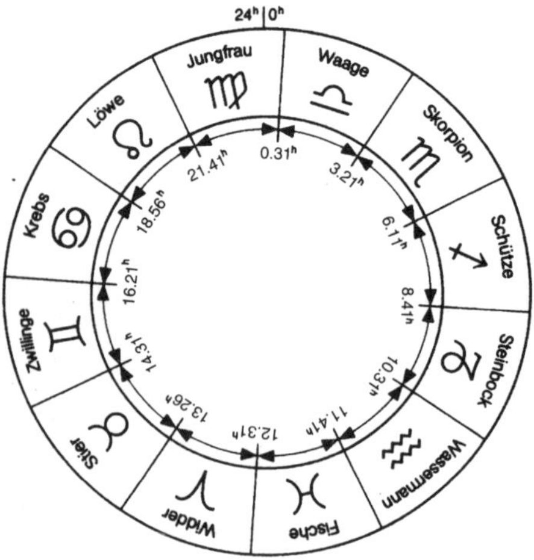

Ihr Aszendent am 13. Dezember

Ihr Aszendent am 14. Dezember

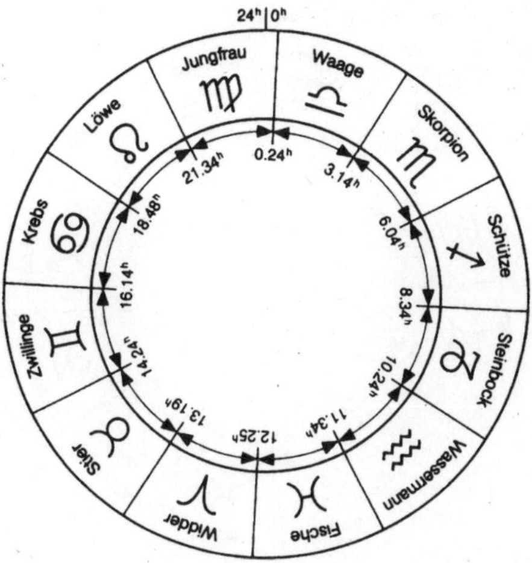

Ihr Aszendent am 15. Dezember

Ihr Aszendent am 16. Dezember

Ihr Aszendent am 17. Dezember

Ihr Aszendent am 18. Dezember

Ihr Aszendent am 19. Dezember

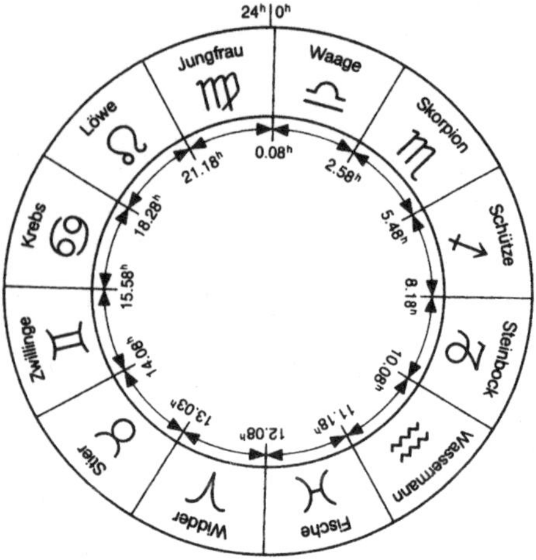

Ihr Aszendent am 20. Dezember

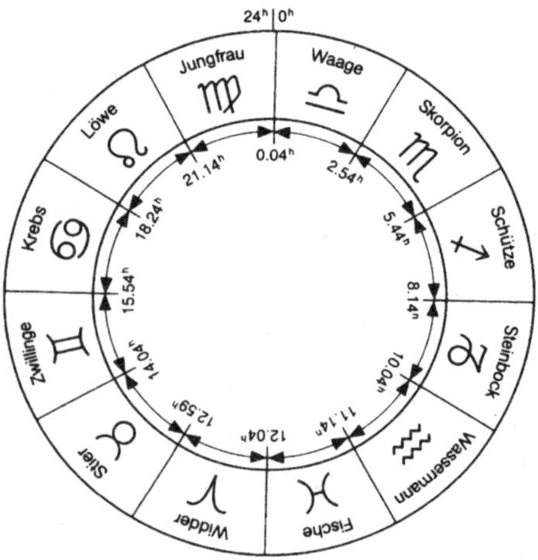

Ihr Aszendent am 21. Dezember

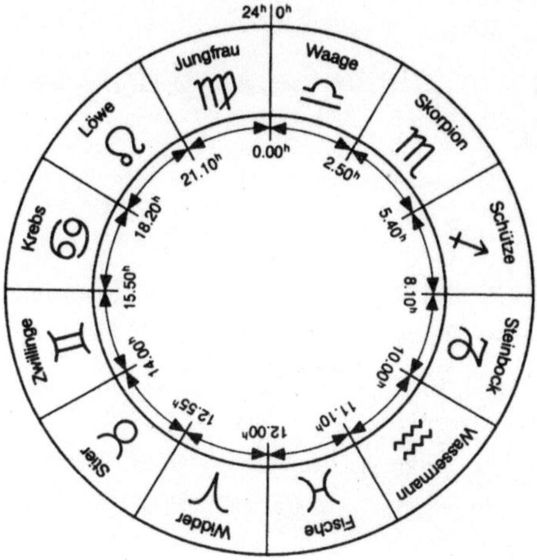

Wichtige Daten und Ereignisse

Prominente Geburtstagskinder

23. November

François Noël Babeuf, frz. Revolutionär (1760–1979)
Franklin Pierce, amerik. General und Politiker (1804–1869)
Manuel de Falla, span. Komponist (1876–1946)
Marieluise Fleißner, dt. Schriftstellerin (1901–1974)
Paul Ancel, dt. Lyriker (1920–1970)

24. November

Philip Massinger, engl. Dramatiker (1583–1640)
Baruch de Spinoza, niederl. Philosoph (1632–1677)
John Bacon, engl. Bildhauer (1740–1799)
Lili Lehmann, dt. Sängerin (1848–1929)
Henri de Toulouse-Lautrec, frz. Maler (1864–1901)

25. November

Andrew Carnegie, amerik. Unternehmer (1835–1919)
Carl Benz, dt. Ingenieur (1844–1929)
Papst Johannes XXIII. (1881–1963)
Augusto Pinochet, chilen. General (1915–2006)

26. November

Heinrich Brüning, dt. Politiker (1885–1970)
Eugène Ionesco, frz. Dramatiker (1909–1994)
Tina Turner, amerik. Rocksängerin (1939)
Stefan Mross, dt. Trompeter (1975)

27. November

Chaim Weizmann, israel. Politiker (1874–1952)
Jimi Hendrix, amerik. Rockmusiker (1942–1970)
Jil Sander, dt. Modeschöpferin (1943)
Danny de Vito, amerik. Filmschauspieler (1944)

28. November

Friedrich Engels, dt. Philosoph und Politiker (1820–1895)
Hermann Hahn, dt. Bildhauer (1868–1942)
Stefan Zweig, österr. Schriftsteller (1881–1942)
Alberto Moravia, ital. Schriftsteller (1907–1990)
Konstantin Simonow, russ. Schriftsteller (1907–1979)

29. November

Gottfried Semper, dt. Baumeister (1803–1879)
Ci Xi, Kaiserin von China (1835–1908)
Enrico Fermi, ital. Physiker (1901–1954)
Egon Eiermann, dt. Architekt (1904–1970)
Jacques Chirac, frz. Staatspräsident (1932)

30. November

Jonathan Swift, engl.-irisch. Schriftsteller (1667–1745)
Mark Twain, amerik. Schriftsteller (1835–1910)
Winston Churchill, brit. Politiker (1874–1965)
Billy Idol, brit. Sänger (1955)
Heinz Rudolf Kunze, dt. Sänger (1956)

1. Dezember

Etienne Falconet, frz. Bildhauer (1717–1791)
Rex Stout, amerik. Schriftsteller (1886–1975)
Arnold Krieger, dt. Schriftsteller (1904–1965)
Woody Allen, amerik. Filmregisseur (1935)
Bette Midler, amerik. Schauspielerin (1945)

2. Dezember

Ulrich Wickert, dt. Moderator (1942)
Botho Strauß, dt. Schriftsteller (1944)
Rudolf Scharping, dt. Politiker (1947)
Jan Ullrich, dt. Radrennfahrer (1973)

3. Dezember

Joseph Conrad, brit. Schriftsteller (1857–1924)
Jean Luc Godard, frz. Filmregisseur (1930)
Alice Schwarzer, dt. Publizistin (1942)
Sissi Perlinger, dt. Schauspielerin (1963)
Katarina Witt, dt. Eiskunstläuferin (1965)

4. Dezember

Samuel Butler, brit. Schriftsteller (1835–1902)
Thomas Carlyle, österr. Schriftsteller (1875–1926)
Rainer Maria Rilke, dt. Schriftsteller (1875–1926)
Jeff Bridges, amerik. Schauspieler (1949)
Sergej Bubka, ukrain. Stabhochspringer (1963)

5. Dezember

Papst Julius II. (1443–1513)
Fritz Lang, österr.-amerik. Filmregisseur (1890–1976)
Walt Disney, amerik. Filmproduzent (1901–1966)
Werner Heisenberg, dt. Physiker (1901–1976)
José Carreras, span. Sänger (1946)

6. Dezember

Heinrich VI., König von England (1421–1471)
Baldassare Castiglione, ital. Staatsmann (1478–1529)
Gunnar Myrdal, schwed. Nationalökonom (1898–1987)
Peter Handke, österr. Schriftsteller (1942)
Marius Müller-Westernhagen, dt. Sänger (1948)

7. Dezember

Gian Lorenzo Bernini, ital. Baumeister (1598–1680)
Johann Nepomuk Nestroy, österr. Schauspieler (1801–1862)
Erich Heyck, dt. Historiker (1878–1964)

Stuart Davis, amerik. Maler (1894–1964)
Max Merkel, österr. Fußballtrainer (1918–2006)

8. Dezember

Maria Stuart, Königin von Schottland (1542–1587)
Jean Sibelius, finn. Komponist (1865–1957)
Sammy Davis Jr., amerik. Schauspieler (1925–1990)
Kim Basinger, amerik. Schauspielerin (1953)
Martin Semmelrogge, dt. Schauspieler (1955)

9. Dezember

Ödön von Horváth, österr. Schriftsteller (1901–1938)
Kirk Douglas, amerik. Filmschauspieler (1916)
Wolfgang Fierek, dt. Schauspieler (1950)
Hape Kerkeling, dt. Entertainer (1964)
Johannes B. Kerner, dt. Moderator (1964)

10. Dezember

Matthew W. Baldwin, amerik. Ingenieur (1795–1866)
Wilhelm von Bode, dt. Kunsthistoriker (1845–1929)
Antonín Novotny, tschechoslow. Politiker (1904–1975)
Georg Ludwig Jochem, dt. Komponist (1909–1969)
Matthias Reim, dt. Sänger (1957)

11. Dezember

Papst Leo X. (1475–1521)
Robert Koch, dt. Arzt (1843–1910)
Maria Koppenhöfer, dt. Schauspielerin (1901–1948)
Harald Kreutzberg, dt. Tänzer (1902–1968)
Jean-Louis Trintignant, frz. Schauspieler (1930)

12. Dezember

Gustave Flaubert, frz. Schriftsteller (1821–1880)
Paul Sethe, dt. Publizist (1901–1967)
Yasujiro Ozu, japan. Filmregisseur (1903–1963)
Max Bill, schweiz. Maler (1908–1994)
Frank Sinatra, amerik. Entertainer (1915–1998)

13. Dezember

Heinrich IV, König von Frankreich (1553–1610)
Heinrich Heine, dt. Schriftsteller (1797–1856)
Werner von Siemens, dt. Erfinder und Unternehmer (1816–1892)
Alan Louis Bullock, engl. Historiker (1914–2004)
Heino, dt. Schlagersänger (1939)

14. Dezember

Nostradamus, frz. Astrologe (1503–1566)
Karl Renner, österr. Politiker (1870–1950)
Erich Schneider, dt. Volkswirtschaftler (1900–1970)
Henri Cochet, frz. Tennisspieler (1901–1987)
Eva Mattes, dt. Schauspielerin (1954)

15. Dezember

Nero, römischer Kaiser (37–68)
Gustave Eiffel, frz. Ingenieur (1832–1923)
Friedensreich Hundertwasser, österr. Maler (1928–2000)
Barbara Valentin, dt. Schauspielerin (1940–2002)
Don Johnson, amerik. Schauspieler (1948)

16. Dezember

Gebhard Leberecht Blücher, preuß. General (1742–1819)
Leopold I., König von Belgien (1790–1865)
Margaret Mead, amerik. Ethnologin (1901–1978)
Rafael Alberti, span. Lyriker (1902–1999)
Bärbel Schäfer, dt. Moderatorin (1964)

17. Dezember

Ludwig van Beethoven, dt. Komponist (1770–1834)
François Granet, frz. Maler (1775–1849)
Jules Alfred Huot de Goncourt, frz. Schriftsteller (1830–1870)
Albert Drach, österr. Schriftsteller (1902–1995)
Armin Müller-Stahl, dt. Schauspieler (1930)
Klaus Kinkel, dt. Politiker (1936)

18. Dezember

Christine, schwed. Königin (1626–1654)
Franz Ferdinand, Erzherzog von Österreich (1863–1914)
Paul Klee, schweiz. Maler (1879–1940)
Willy Brandt, dt. Politiker (1913–1992)
Steven Spielberg, amerik. Filmregisseur (1947)
Brad Pitt, amerik. Schauspieler (1963)

19. Dezember

Gustav II. Adolf, König von Schweden (1594–1632)
Paul Dessau, dt. Komponist (1894–1979)
Leonid Breschnew, sowjet. Politiker (1906–1982)
Jean Genet, frz. Schriftsteller (1910–1986)
Edith Piaf, frz. Chansonniere (1915–1963)
Tankred Dorst, dt. Schriftsteller (1925–1990)
Til Schweiger, dt. Schauspieler (1962)
Ben Becker, dt. Schauspieler (1964)

20. Dezember

Johann Wickseil, schwed. Nationalökonom (1851–1926)
Jewgenia Semjonowna Ginsburg, sowjet. Schriftstellerin (1906–1977)
Helene Mayer, dt. Fechterin (1910–1953)
Aziz Nesin, türk. Schriftsteller (1915–1995)
Otto Graf Lambsdorff, dt. Politiker (1926)

21. Dezember

Thomas Beckett, engl. Erzbischof von Canterbury (1118–1170)
Jean Racine, frz. Dramatiker (1639–1699)
Josef Stalin, sowjet. Politiker (1879–1953)
Wsewolod Wischnewskij, russ. Schriftsteller (1900–1951)
Frank Zappa, amerik. Rockmusiker (1940–1993)
Florence Griffith Joyner, amerik. Leichtathletin (1959–1998)

Ereignisse, die Geschichte machten

23. November

858 Spaltung der christlichen Kirche in den östlichen und westlichen Teil

1889 Die Musikbox wird geboren. Durch Münzeinwurf können vier Personen gleichzeitig über Hörrohre mithören.

1946 Beginn des Vietnamkriegs, in den 1964 die USA eingreifen

1969 An der Harvard-Universität in den USA findet der erste Eingriff in das Erbgut statt.

24. November

1859 Aufstellung der Evolutionstheorie durch den Naturwissenschaftler Charles Darwin: Danach verändern sich Tierarten durch die Anpassung an ihre Umgebung.

1989 Václav Havel sogt als Vorsitzender des Bürgerforums für den Rücktritt der kommunistischen Führung in Prag.

1993 Ein zur Tatzeit zehnjähriges Kind wird in Großbritannien des Mordes an einem Zweijährigen überführt.

2001 Mit dem Start des Films »Harry Potter und der Stein der Weisen« erlebt die Harry-Potter-Manie in Deutschland einen weiteren Höhepunkt.

25. November

1927 Yehudi Menuhin schafft mit elf Jahren bei einem Konzert in New York den Durchbruch in seiner Laufbahn als Violinvirtuose.

1973 Durch große Ölknappheit kommt es zu einem autofreien Sonntag.

1975 Surinam, das ehemalige Niederländisch-Guyana, wird unabhängig.

1992 Bei einem Volksentscheid in Irland spricht sich nur ein Drittel für die Legalisierung der Abtreibung aus.

26. November

1924 In der Mongolei wird der zweite kommunistische Staat der Welt ausgerufen, die Mongolische Volksrepublik.

1983 In Großbritannien wird der größte Raub in der Geschichte des Landes verübt. Der Wert der Beute beläuft sich auf über 100 Mio. DM.

1988 Als Gegengewicht zur Oskarverleihung in den USA wird die europäische Filmwürdigung, der Felix, eingeführt.

1993 Bundesinnenminister Kanther verbietet die Arbeiterpartei Kurdistans (PKK) in Deutschland, veranlasst durch gewalttätige Aktionen der Organisation gegen türkische Einrichtungen in ganz Europa.

27. November

1095 Erster Kreuzzug, verursacht durch einen Aufruf des Papstes Urban II.
1942 Uraufführung des Kinofilms »Casablanca« mit Humphrey Bogart und Ingrid Bergman
1961 Nachdem schwere Missbildungen an Neugeborenen aufgetreten waren, wird das dafür verantwortliche Mittel Contergan vom Markt genommen.
1970 Durch ein Attentat auf den Papst wird dieser schwer verletzt.

28. November

1896 Budapest feiert Einweihung: Es ist die erste Stadt in Europa, die eine U-Bahn besitzt.
1943 Russland, die USA und Großbritannien verbünden sich und kämpfen zukünftig als alliierte Truppen gegen das nationalsozialistische Deutschland.
1994 Durch eine Abstimmung in der Bevölkerung entscheidet sich Norwegen erneut gegen eine Teilnahme an der Europäischen Union.
2001 Die Vereinten Nationen beziffern die Zahl der HIV-Infizierten auf 40 Millionen.

29. November

1223 Die Franziskaner werden vom Papst als Orden anerkannt.

1888 Dem Physiker Heinrich Rudolf Hertz gelingt der Nachweis elektromagnetischer Wellen.

1896 Präsentation des ersten Blutdruckmessgerätes durch den italienischen Arzt Scipione Riva-Rocci

1945 Abschaffung der Monarchie in Jugoslawien, das danach föderative Volksrepublik unter Marschall Tito wird.

1947 Die Vollversammlung der Vereinten Nationen beschließt, Palästina in ein jüdisches und ein arabisches Gebiet aufzuteilen.

30. November

1872 Das erste Fußballländerspiel wird ausgetragen: England spielt gegen Schottland, die Partie endet unentschieden.

1948 Mit der Absetzung des Magistrats von ganz Berlin steuert die Sozialistische Einheitspartei Deutschland (SED) die Teilung Berlins an.

1989 Der Vorstandssprecher der Deutschen Bank, Alfred Herrhausen, wird durch einen Bombenanschlag der Roten Armee Fraktion (RAF) getötet.

1. Dezember

1783 In Frankreich steigt der erste bemannte Ballon auf, der mit Wasserstoff gefüllt ist.

1903 Start des Filmgenres »Western« mit dem Streifen »Der große Eisenbahnraub« in Washington

1953 Das Männermagazin »Playboy« veröffentlicht seine erste Ausgabe.

1989 Die Sozialistische Einheitspartei Deutschlands (SED) gibt ihr in der Verfassung der DDR festgeschriebenes Monopol auf.

2. Dezember

1804 Napoleon krönt sich zum Kaiser von Frankreich und gewinnt genau ein Jahr später die Dreikaiserschlacht bei Austerlitz, in der er Preußen und Russland besiegt.
1908 Der letzte Kaiser von China, Puyi, wird als Dreijähriger gekrönt. 1912 dankt er ab.
1990 Helmut Kohl wird in der ersten gesamtdeutschen Wahl erneut zum Bundeskanzler gewählt.

3. Dezember

1591 Zusammenschluss von Hamburger Bürgern, die sich zur gegenseitigen Hilfe bei Brandschäden verpflichten.
1947 Mit der Hauptrolle in dem Theaterstück »Endstation Sehnsucht« von Tennessee Williams gelangt Marlon Brando zu Weltruhm.
1967 Die erste Herztransplantation von Mensch zu Mensch glückt, doch stirbt der Patient 18 Tage später durch Infektion.
1978 Die ersten »Boatpeople«, Bootsflüchtlinge aus Vietnam, treffen in Deutschland ein.
1990 Mary Robinson wird als erste Frau Präsidentin der Republik Irland.

4. Dezember

771 Karl der Große bestimmt sich zum alleinigen Herrscher im Frankenreich.

1871 Vereinheitlichung der Währung im Deutschen Reich: Die Goldmark wird eingeführt.

1963 Das Zweite Vatikanische Konzil beschließt, dass die Messe zukünftig statt in Latein in der entsprechenden Landessprache abgehalten werden kann.

1991 Mit Boutros Boutros Ghali wird der erste Afrikaner Generalsekretär der Vereinten Nationen (UNO).

5. Dezember

1484 Eine Verordnung von Papst Innozenz VIII. räumt den Inquisitoren großzügige Rechte im Hinblick auf die Verfolgung vermeintlicher Hexen ein. In der Folge kommt es zu unzähligen Hexenverbrennungen.

1894 Der Reichstagsbau, der mit Absicht nicht in das Berliner Stadtzentrum gelegt wurde, um so dem Parlament seinen Stellenwert vorzuführen, wird von Kaiser Wilhelm II. eingeweiht.

1933 Aufhebung des seit 1919 gültigen Alkoholverbots in den USA

1982 Letzter Tag des ersten Arbeitslosenkongresses in Frankfurt

1993 Durch eine Briefbombe wird der Bürgermeister Wiens, Helmut Zilk, an der Hand verletzt.

6. Dezember

1897 Der Außenminister Graf von Bülow hält eine Reichstagsrede über die Bedeutung von Kolonien, in deren Verlauf er Deutschlands »Platz an der Sonne« fordert.

1904 US-Präsident Theodore Roosevelt bekräftigt das Interventionsrecht der USA in Lateinamerika.

1946 Vorstellung der ersten Atomuhr in den USA, die eine sehr genaue Zeitmessung ermöglicht.

1992 Das Grundrecht auf Asyl in Deutschland wird eingeschränkt, die sogenannte »Drittstaaten-Regelung« tritt in Kraft.

1992 Mit einer 45 km langen Lichterkette von über 400 000 beteiligten Personen wird in München gegen Ausländerfeindlichkeit demonstriert.

1993 Der Spionageleiter der Deutschen Demokratischen Republik, Markus Wolf, wird zu sechs Jahren Haft verurteilt.

7. Dezember

1835 Einweihung der »Adler«, der ersten deutschen Dampfeisenbahn

1926 Veröffentlichung des Romans »Das Schloss« von Franz Kafka

1941 Pearl Harbor, eine wichtige militärische Hafenanlage auf Hawaii, wird von Japan zerstört, was die Kriegserklärung Japans an die USA bedeutet.

1970 Bundeskanzler Willy Brandt kniet in Warschau vor dem Denkmal für die von Nationalsozialisten im Warschauer Ghetto ermordeten Juden nieder. Dies wird weltweit als Geste der Versöhnung verstanden.

8. Dezember

1861 Aus den Donaufürstentümern Walachei und Moldau bildet sich Rumänien.

1980 Der Musiker John Lennon wird von einem Geisteskranken ermordet.

1993 Lebenslänglich und zehn Jahre Haft lauten die Urteile gegen zwei Rechtsradikale, die in Mölln Brandanschläge gegen zwei von türkischen Familien bewohnte Häuser verübten.

9. Dezember

1830 Kritische Texte des Schriftstellerverbandes »Junges Deutschland« werden durch Zensur verboten.

1948 Die Vollversammlung der Vereinten Nationen (UNO) beschließt, dass Völkermord zukünftig strafbar ist, auch wenn er staatlich angeordnet wurde.

1982 Der Film »E. T. – der Außerirdische« beginnt seinen Erfolgsweg durch deutsche Kinos.

1990 Lech Walesa, der ehemalige Anführer der polnischen Gewerkschaftsbewegung Solidarnosc, wird Präsident von Polen.

10. Dezember

1868 London ist die erste Stadt, die eine Gaslaterne als Ampel für Fußgänger aufstellt.

1901 Erstmals wird in Stockholm und Oslo der Nobelpreis übergeben. Gestiftet wird er von dem Chemiker Alfred Nobel.

1950 Gründung des Deutschen Sportbundes (DSB), der alle anderen Verbände und Bünde unter seinem Dach zusammenführt.

11. Dezember

1926 Die ersten Meisterschaften im Tischtennis: Ungarn wird Weltmeister.

1941 Mit der Kriegserklärung Deutschlands an die USA weitet sich der Kampf in Europa zum Weltkrieg aus.

1946 Die UNO (Vereinte Nationen) gründet ihr Hilfswerk UNICEF, eine Vereinigung zur besonderen Unterstützung von Kindern.

1991 Gründung der Europäischen Union, die besondere Schwerpunkte auf die Wirtschafts- und Währungsvereinigung legt.

12. Dezember

1901 Es geht auch ohne Draht: Die ersten telegrafischen Signale werden drahtlos über den Atlantik, von Cornwall nach Neufundland, geschickt.

1955 Das erste Patent für ein Fahrzeug wird ausgestellt, das sich auf einem Luftkissen bewegt.

1969 Unter dem Diktator Georgios Papadopoulos tritt Griechenland aus dem Europarat aus.

1992 Indonesien wird durch ein Erdbeben erschüttert, das auf der Richterskala die Stärke 6,8 erreicht. Durch die anschließende Flutwelle sterben insgesamt über 2500 Menschen.

13. Dezember

1889 Nicht jeder kann Handwerker werden: Der Staat verlangt jetzt einen Befähigungsnachweis, der durch eine Ausbildung erlangt wird.

1913 Leonardo da Vincis wohl berühmtestes Gemälde, die »Mona Lisa«, taucht vier Monate nach seinem Diebstahl aus dem Pariser Louvre in Florenz wieder auf.

1934 Durch die NS-Regierung in Deutschland wird ein Gesetzt verabschiedet, mit dem jeder bestraft werden kann, der sich negativ zum Nationalsozialismus äußert.

1972 Die erste Bundestagspräsidentin heißt Annemarie Renger.

1974 Unabhängigkeitserklärung der Insel Malta

1991 Die beiden koreanischen Staaten beschließen einen Nichtangriffspakt, durch den sich das Verhältnis der Staaten zueinander verbessern soll.

14. Dezember

1911 Der Norweger Roald Amundsen erreicht als erster Mensch den Südpol.

1920 Irland wird durch die Gesetzesvorlage »Government of Irland Act« in einen südlichen und nördlichen Teil gespalten.

1928 Großes Aufsehen erregt die Veröffentlichung von D. H. Lawrences Roman »Lady Chatterleys Lover« wegen allzu freizügiger Szenen.

1945 Mit der Gründung der CDU können alle christlich demokratischen Vereinigungen in einer Partei zusammengeführt werden. Den Vorsitz übernimmt Konrad Adenauer.

1962 In Bonn wird die deutsche Welthungerhilfe ins Leben gerufen, die sich für eine bessere Verteilung der Lebensmittel und Hilfe zur Selbsthilfe einsetzt.

15. Dezember

1640 Die Portugiesen lehnen sich gegen die Fremdherrschaft der Spanier auf und erhalten so ein eigenständiges Reich.

1890 Sitting Bull, der Indianerführer im Aufstand gegen die weiße Unterdrückung, wird erschossen.

1939 Uraufführung des späteren Kassenschlagers »Vom Winde verweht«

16. Dezember

1773 »Tea Party« in Boston, USA: Bürger werfen Tee, der auf drei englischen Schiffen gelagert wurde, über Bord und protestieren so gegen eine vom englischen Mutterland erlassene Teesteuer.

1944 Glenn Miller, bekannter Swing-Musiker, verunglückt bei einem Flugzeugabsturz tödlich.

1988 Kardinal Joachim Meisner wird Erzbischof in Köln.

17. Dezember

1833 Das Findelkind Kasper Hauser, dessen Herkunft ungeklärt blieb, wird ermordet.

1903 Die Gebrüder Wright starten in den USA zu ihrem ersten mit Motorkraft angetriebenen gelenkten Flug.

1971 Zwischen der Regierung in Bonn und der DDR wird ein Transitabkommen geschlossen, das den Verkehr vom Bundesgebiet nach Westberlin vereinfacht.

18. Dezember

1866 In Wien wird die erste Schreibmaschine erfunden.

1917 Aus vielen kleinen Filmbetrieben bildet sich die Universum Film AG (Ufa).

1979 Hans Küng zweifelt an der Unfehlbarkeit des Papstes und weicht von Glaubensgrundsätzen der katholischen Kirche ab. Dafür verliert er die Lehrerlaubnis an der Universität Tübingen.

19. Dezember

1957 Die europäischen NATO-Staaten beharren auf ihrem Vetorecht gegenüber den USA, wenn es um den Einsatz von amerikanischen Mittelstreckenraketen von Europa aus geht.

1984 Margaret Thatcher, die britische Premierministerin, unterschreibt einen Vertrag, der die Rückgabe Hongkongs an China regelt.

1986 Der aus der UdSSR verbannte Physiker Andrej Sacharow darf nach Moskau zurückkehren.

20. Dezember

1910 Dem neuseeländischen Physiker Ernest Rutherford gelingt der wissenschaftliche Nachweis des Atomkerns.

1951 Der erste Atomreaktor, der seinen eigenen Brennstoff herstellt, geht in Idaho (USA) ans Netz.

1963 Zum ersten Mal seit dem Zweiten Weltkrieg müssen sich ehemalige SS-Mitglieder wegen Massenmords an Juden vor Gericht verantworten.

1989 Die USA landen mit Truppen in Panama, um den dortigen Staatschef General Noriega festzunehmen. Er wird beschuldigt, mit Rauschgift gehandelt zu haben.

21. Dezember

1879 Uraufführung des Dramas »Nora oder ein Puppenheim« von Henrik Ibsen. Ibsen kritisiert darin das von der Gesellschaft geprägte konservative Frauenbild.

1933 Der deutsche Schriftsteller Kurt Tucholsky begeht in seinem schwedischen Exil Selbstmord.

1937 Kinostart des ersten Walt-Disney-Zeichentrickfilms »Schneewittchen und die sieben Zwerge«

1991 Auflösung der Sowjetunion